BECOMING WHO YOU ARE

나의 자아, 하나님 계획

머튼과 나우엔의 영성

제임스 마틴(James Martin, SJ.) 저

이정배 · 박일준 역

참나로 거듭나기

토마스 머튼의 진정한 자아에 대한 성찰

"성인(saint)이 된다는 것은 내 자신이 된다는 것을 의미합니다" 라고 트라피스트회 수도사인 토마스 머튼(Thomas Merton)은 적고 있다.

東明社

나의 자아, 하나님 계획

머튼과 나우엔의 영성

제임스 마틴(James Martin, SJ.) 저
이정배 · 박일준 역

지혜로운 영적 감독자이면서 신실한 사제였고 인자한 친구로서 나를 진정한 나로 거듭나도록 도와주었던 데이빗 도너반(David I. Donovan, SJ; 1940–2005)에게 바칩니다.

역자서문

본 서를 소개받고 읽으면서, 번역에 동참한 역자들은 우리 시대의 영성을 새롭게 조명하는 시각을 전해 받을 수 있었고, 그러한 깨달음이 또한 우리에게는 큰 기쁨이었음을 고백한다. 서로 읽고, 번역하고, 교정을 나누어보면서, 짧지만 흥미로운 통찰을 담고 있는 귀한 책이었다.

본서가 우리 역자들에게 전해주는 통찰이란 바로 욕망과 자아와의 관계이다. 참 자아(true self)를 찾기 위해 우리는 통상적으로 욕망의 자아를 버려야 한다는 생각을 갖는다. 우리가 살아가는 거짓된 세계로부터 벗어나 참된 세계로 나아가기 위해서는 그 거짓된 자아의 근원이 되는 욕망을 끊어야 한다는 생각 말이다. 본서는 도리어 참 자아를 찾기 위해선 "욕망하라"고 권한다.

토마스 머튼과 헨리 나우웬의 생애를 조명하면서, 본서는 그 영성가들의 욕망을 우리에게 들추어준다. 탐욕스런 욕망의 꿈틀거림과는 전혀 상관없는 삶을 살았을 것 같은 두 영성가들의 삶 속에 담겨있는 오점을 까발리려는 의도보다는 우리에게 진정한 자아란 무엇인가를 다시금 생각할 기회를 제공하기 위함이다. 욕망이란 결국 우리가 어떤 무언가를 원하고 갈망하는 방식이 아닌가? 그런 욕망을 통해서 우리는 삶의 동기를 부여받는 것 아닌가? 그렇다면 욕망은 참 자아와 대립되는 면이 아니라 진정한 자아를 찾아갈 수 있도록 만들어주는 어떤 것이다.

욕망에 대한 다른 시야는 또한 우리가 전통적으로 생각하는 성/속에 대한 생각을 잠시 달리 생각할 기회를 제공해 주기도 한다. 성스러운 삶과 세속적인 삶이란 이분법의 폭력성을 전혀 의식하지 못한 채 참된 자아란 세속의 삶과는 전혀 상관없는 삶일 거라는 우리의 '환상'(fantasy) 속에는 결국 우리의 진정한 자아라는 (또 다른 헛된) 명분으로 영적 삶의 실재를 왜곡하는 기제가 담지되어 있는 것이다. 하나님은 결국 우리가 하나님과 일치된 삶을 살아가기를 욕망하신다. 그렇다면 우리의 욕망과 탐욕과 이기심이 배어있는 삶 조차도 성스러운 삶이 될 수 있는 것이다. 성(聖)스러움과 성(性)스러움은 전혀 다른 이질적인 것이 아니라 결국 동일한 진리로 나아가는 다른 길일 수 있음을 본서는 우리에게 가르쳐준다. 성(聖)스러움에 대한 갈구와 욕망은 곧 성(性)스러움에 대한 욕망과 같으면서 다른 것이다. 바로 그 같으면서 다름에 대한 통찰은 종교의 본문들이 우리 자신에 대하여 드러내는 진리의 일면을 노출해 줄 수 있다는 생각이 들었다.

본서를 번역하면서 특별히 동명사의 임종은 전무님께 감사의 마음을 전한다. 좋은 책을 향한 열정과 좋은 깨달음을 향한 욕망을 품고 살아가는 사람을 만나는 것은 언제나 즐거운 일이다. 본서가 독자들에게 좋은 영혼의 길잡이가 되어보기를 소망해 본다.

2010년 여름

번역자들

서문

"성인(saint)이 된다는 것은 내 자신이 된다는 것을 의미합니다"라고 트라피스트회 수도사인 토마스 머튼(Thomas Merton)은 자신의 책, 『명상의 새로운 씨앗들』(*New Seeds of Contemplation*)에서 적고 있다. "그러므로 성화와 구원의 문제는 사실 내가 진정으로 누구인지를 찾고 그리고 나의 참 자아를 발견하는 문제입니다."

당대 영성가들의 글 속에서 이보다 더 강렬한 인상을 풍기는 문구를 찾아보기란 쉽지 않다. 우리는 이런 통찰을 숙고하며, 살아 있는 것으로 육화시키기 위해 평생을 바칠 수도 있다.

물론 그와 동일한 생각이 철학자들로부터 바티칸 공의회에서 추앙받는 성인들에 이르기까지, 다른 곳에서 여러 차례 여러 방식들로 언급되어 왔다. 그러나 어쨌든 당신의 "진정한 자아"가

된다는 것이 의미하는 바와(나중에 더 이야기하겠지만) "거짓된 자아"로 살아가고픈 유혹들에 대한 머튼의 묘사들은 내겐 가장 의미 있는 것이었다. 아마도 그건 머튼이 내 삶 속에 무척 의미 있는 사람이었기 때문일 것이다(이것도 역시 나중에 더 자세히 이야기하겠다).

이 짧은 책은 진정한 자아에 대한 토마스 머튼의 생각을 기초로 작성한 명상록이다. 이는 2005년 뉴욕 '그리스도의 몸' 교회(Corpus Christi Church)에서 있었던 강연에 기초한 것이다. 매년 그 교회는 토마스 머튼과 또 한명의 유명한 작가 헨리 나우엔의 삶을 기념하는 강연을 후원해왔는데, 영적 삶에 대한 나우엔의 저작들은 머튼처럼 많은 독자들에게 영향을 미치고 있다.

그 연례 강연은 이 두 사람의 인접한 생일들을 함께 기념하기 위해 1월 마지막 어간에 열리도록 체계화되었다: 머튼은 1915년 1월 31일에 태어났고, 나우엔은 1932년 1월 24일에 태어났다. 이 강연은 또한 뉴욕의 가톨릭 대주교구와 헨리 나우엔 센터로부터 후원을 받는데, 헨리 나우엔 센터는 대중들에게 나우엔의 삶과 저작들을 소개하는 일을 목적으로 설립된 국제단체이다.

주님의 몸 교회는, 많은 독자들에게 잘 알려져 있지 않으나, 토마스 머튼의 삶 속에서 매우 중요한 공간이었다. 그래서 간단한 전기적 사실들에 대한 소개가 필요할 듯 싶다.

차례

제 1 장

간략하게 그려본 토마스 머튼의 생애

토마스 머튼은 1915년 프라드(Prades)라 불리는 프랑스의 작은 마을에서 태어났다. 그의 어머니 루쓰(Ruth)는 미국인 예술가이면서 댄서였다. 그의 아버지 오웬(Owen)은 뉴질랜드 사람으로서 어느 정도 명성을 지닌 화가였다. "나의 아버지는 세잔(Cézanne)처럼 그리셨다"고 머튼은 아주 자랑스럽게 적고 있다. 유대관계가 각별했던 가족이 루쓰의 부모님들과 가까운 뉴욕으로 이사한 1918년 또 다른 아들 존 폴이 태어났다.

톰이 여섯 살이 되어갈 무렵, 어머니는 위암으로 투병하다 돌아가셨다. 그 직후 톰과 그의 형제는 뉴욕의 조부모들 손에 맡겨졌고, 안정을 찾지 못하던 아버지는 여행을 다니며 그림을 그렸다. 아버지 오웬은 1년 후 돌아와, 큰 아들 톰을 데려가 같이 살았는데, 처음에는 버뮤다에 살다가 나중에 프랑스로 이주하였다. 이 시기 톰은 아버지의 다양한 지인들, 주로 친구들과 친척들에게 보내져 하숙하는 일이 많았다.

톰이 머물던 가정들 중, 프리바스(the Privats) 집안이 있었는데, 독실한 가톨릭신자의 가정으로서, 그 가족의 단순소박한 경건의 모습은 어린 소년 톰에게 깊은 인상을 주었다. (머튼의 아버지는 특별히 종교적인 사람은 아니었다.) 자서전 『7층 산』(*The Seven Storey Mountain*)에서 자신의 삶이 그 가족이 보여준 모범에 얼마나 큰 빚을 지고 있는지 경의를 표하고 있는데, 이는 그 책에서 가장 감동적인 문장들 중 하나이다. "언젠가는 알게 되겠지만, 그들을 다시 만날 것을 확신하고, 그들에게 감사할 수 있다는 것은 좋은 일이다"고 그는 적고 있다.

톰은 처음에 프랑스의 지방 공립학교에서 교육을 받다가, 오캄(Oakham)이라 불리는 영국의 기숙학교로 그리고 마침내 캠브리지 대학에 속한 클레어 대학에서 교육과정을 마쳤다. 그가 16살로 아직 오캄에 있을 때, 그의 아버지 또한 암으로 돌아가셨다. 부모님을 어린 시절에 여의고, 이집 저집으로 그리고 이 나라에서 저 나라로 옮겨 다녔던 그의 불안정한 생활 탓에 톰의 어린 시절은, 사람들 이야기에 의하면, 슬픈(sad) 시절이었다고 한다. 캠브리지에 입학할 당시, 그는 밝고 여행 경험이 풍부한 사람이었지만 그러나 동시에 외로운 젊은이이기도 했다.

캠브리지 대학에 재학하던 시절, 그는 한 아이의 아버지가 되었다. 이는 머튼을 경건하게 묘사하는 전기서들에서는 은폐되는 혼란스러운 사건이었다. 한 출처에 따르면, 트라피스트 수도회의 종교지도자들이 나중에 머튼의 자서전에서 삭제하였다고 한다. 어떤 전기 작가들에 따르면, 그 여인과 아이는 2차 세계 대전 중 독일군의 영국 공습 때 죽었다고 했다. 그들의 신원을 확인하려는 후대의 시도들은 아무런 결실을 얻지 못했다.

오웬의 사망 이후 얼마지 않아서, 톰의 대부이자 후견인인 톰 베네트 박사(Dr. Tom Benett)는 톰에게 뉴욕의 컬럼비아 대학으로 전학 할 것을 제안했다. 오캄이나 캠브리지가 자신의 취향에 전혀 맞지 않음을 절감하고, 톰은 쉽사리 그 제안에 응했다. 게다가 그는 낮은 성적과 음주 그리고 폭음 문제 등이 종합적으로 연루되어 캠브리지에서 장학금 자격을 상실한 터였다.

톰은 1935년 컬럼비아 대학에서 공부를 시작했다. 그곳에 머무는 동안 톰은 평생지기 친구가 될 일군의 젊은이들을 만났다. 교내 유머 잡지인 『어릿광대』에 기고하기 위해 쓰고 그리는 작업을 하면서, 과음을 한 적도 많았으나 결국 학사 학위를 받았다. 아울러 그는 서서히 종교에 많은 관심을 갖게 되었다. 엉터리 기독교인(desultory Christian)으로 자란 머튼은 다양한 경로들을 통해 가톨릭에 매력을 느꼈다: 지성을 통해, 예술을 통해, 자신의 감정을 통해, 자신이 알고 있는 몇몇 가톨릭 신자들의 모범들을 통해. 어느 날 방에 앉아 예수회 신부이면서 시인인 홉킨스(Gerard Manley Hopkins)에 관하여 읽고 있다가 머튼은 가톨릭 신자로 세례받기로 결심한 것이다. “무엇을 기다리는가?”라고 말하는 음성이 그 자신의 내부에서 말하는 듯 느껴졌다고 한다.

술꾼으로만 그를 알고 있던 친구들은 경악을 금치 못했지만,

1938년 11월 톰은 '그리스도의 몸' 교회에서 세례를 받았다. 하얀 대리석의 돌 대야가 여전히 거기에, 교회 입구 바로 옆에 놓여있다.

가톨릭 개종 이후, 톰의 삶은 급격히 변화하였다. 컬럼비아 대학에서 영어학으로 석사 학위를 마친 직후 그는 사제가 되는 일을 고민하기 시작했다. 개종자로서 열광적인 열정을 가슴에 품고, 톰은 프란체스코 수도회에 입회하기 위해 문을 두드렸지만, 거절당했다. 아마도 한 아이의 아버지였던 그의 이력 때문이었을 것이다.(다른 출처들에 따르면, 프란체스코 수도회 사람들은 머튼이 공동체와 어울리는 사람이 아니라 고독한 타입의 사람이라고 판단했는데, 이는 수도회에 입회하는 사람에겐 큰 오점이 된다.) 크게 낙담한 채, 그는 뉴욕주 알게니(Allegany)에 있는 성 보나벤츄라 대학의 교수직을 제의받아 수락하였고, 거기서 그는 평신도지만 거의 수도사적인 삶을 수행하기 시작했다. 대학의 자그마한 방에 기거하면서, 그는 기도에 몰두했고, 담배를 끊었고, 그러면서 자신의 영혼이 점차 "자기 자신과 조화롭게"되어가는 것을 보게 되었다.

이즈음에 컬럼비아 대학의 한 강사가 톰에게 켄터키 바즈타운(Bardstown, Kentucky)의 겟세마니 수녀원의 사원이라 불리는 트라피스트 수도원에서 열리는 수련회 참석을 제안했다. 1941년 가을 겟세마니의 방문은 톰을 경악시켰다. "이것이 미국이 담지한 모든 활력의 중심이다. 미국을 하나로 묶어주고 있는 이유와 까닭이다"라고 적고 있다. 겨우 수개월 후 톰은 트라피스트 수도회에 들어가, 순종과 안정과 수도승 생활 양식에 대한 맹세 그리고 가난과 순결의 수도원적 생활양식들에 순명하면서 자신의 여생을 보낸다.

스스로를 이기적인 사람이라고 알고 있었던 머튼은 켄터키 수도원의 익명성 속에 묻혀, 잊혀진 사람으로 지낼 것으로 기대했다. 입회 때 그는 OCSO의 루이스 머튼 형제가 되었다 (OCSO는 "엄격한 복종을 지키는 시토 수도사들의 수도회"Order of the Cistercians of the Strict Observance라는 이름의 약자인데, 트라피스트 교단의 공식적인 이름이 이것이다.) 그러나 그 수도원의 원장은 머튼에게 회고록 집필 작업을 시작하도록 재촉했다. 1948년 그의 자서전 『7층 산』(*The Seven Storey Mountain*)이 출판되었고 즉시 베스트셀러가 되었다.

그러면서 머튼의 삶은 다시금 급격한 변화를 겪게 되었던 바, 그가 유감섞인 투로 표현하듯 그는 "그 유명한 토마스 머튼"이 된 것이다.

머튼의 이후 몇 년간의 삶은 자신이 수도사의 사명을 받게 되는 과정을 재서술한 일기 엮음집 『요나의 징표』(*The Sign of Jonas*)에 상술되어 있다. 여러 가지 면에서 머튼의 수도원 생활은 게세마니에 머물고 있던 다른 트라피스트 수도사들의 생활과 별다르지 않았다. 그는 수사 수련기간을 이수했고, 1948년 부제(deacon)로 그리고 같은 해 후반기 사제로 임명되었다. 1954년 수도 수련자들 즉 수련 중에 있는 젊은 수도자들의 "교사"(master)가 되었고, 이듬해 수도원의 중요 직책인 초심자들의 교사로 부름받았다. 그러나 새 책을 출판할 때마다 머튼의 명성은 높아져 갔고, 끊임없이 편지들과 방문자들의 접견을 받기 시작했다.

이 시기에 머턴의 일기들과 편지들에 자주 등장하는 주제는 게세마니 수도원의 삶 속에 내재하는 긴장들이다. 그는 수도사로서 자신의 소명을 받아들이면서 동시에 물음을 제기했다. 그는 동료 형제 수도사들의 주목을 갈망하는 동시에 고독 또한 욕망했다. 그는 다른 이들과의 친밀감을 추구하는 동시에 자신의 순결을 소중히 여겼다. 그는 교단의 상급자들과 투쟁하는 동시에 자신의 순종 서약을 지키기를 소망했다. 무엇보다도, 자신이 명성과 영향력을 갖기를 바라면서도 동시에 겸손(humility)이 건강한 수도원 생활의 초석이라고 생각하였다.

이 모든 일들 속에서 머튼은 영적으로 보다 큰 자유를 추구하였다. 작고한 베이실 페닝턴(M. Basil Pennington, 그 자신이 트라피스트 수도사이면서 수도원장이었다)은 자신의 책 『토마스 머튼: 형제 수도사』에서 이렇게 표현한다: "그의 전 생애는 자유를 향한 탐구, 즉 하나님이 창조하신 놀라운 실재, 하나님 자신, 다시 말해 존재하는 그 자체에 마음을 열수 있는 자유를 향한 탐구였다!"

이렇게 머튼은 자신의 "진정한 자아"라 부를 어떤 것이 되어가는 도상에 있었다.

토마스 머튼은 이후 27년의 여생을 게세마니 성모 기념 수도원에서 트라피스트 수도사로 살았던 것 같다. 그 시간 동안 그는 다양한 주제들을 다루는 많은 책들과 에세이들을 저술했다. 명상의 삶, 초대 기독교 신학, 선 불교, 비폭력, 시, 냉전 그리고 교회 생활 등. 그는 세계 각지로부터 도착하는 작가들과 사상가들과의 서신교류를 꼼꼼히 챙겼고, 때로는 탈진할 정도로 많은 관계를 유지하였으며, 그리고 냉전 시대와 베트남 전쟁 시절 많은 이들을 인도하는 등불이 되었다.

1965년 머튼은 수도원 생활을 이유로 은둔자(hermit)가 되었다. 욕실은 없지만 벽 난로는 구비하고 있던, 일견 평범한 콘크리트 건물의 그의 작은 은둔처는 머튼에게 보다 안정감을 가져다 주었다－동시에 그가 자존심을 유지하려고 분투할 때마다 더 큰 불안을 안겨다 주기도 했다. (큰 수도원의 분위기는 머튼의 자연적 충동성을 어느 정도 누그러뜨려 주는 역할을 감당하였다.) 그는 기도하는 시간을 많이 가졌고, 많은 저술을 할 수도 있었으며, 다른 수도사들과 함께 시간을 보낼 여유도 지녔다. 그리고 누구보다 꽤 많은 방문자들을 보다 쉽게 접견할 수 있었다.

초기 전기서들에는 빠져 있는 내용이지만, 이 시기 중요한 사건 중 하나는 그가 다니던 병원의 간호사와 1966년 무렵 사랑에 빠진 일이다. (머튼은 평생 건강이 좋지 않아 고생했다.) 격동의 시기가 지난 후, 머튼은 다시 수도자 서원에 자신을 헌신했다.

생의 말기로 접어들고 있을 때, 정주 서약을 맹세한 수도사임에도 불구하고 머튼은 여행하고 싶은 욕구를 느꼈으나, 수도원장은 그의 청원들을 통상적 이유로 거절했다. 1968년 새 수도원장은 그에게 극동 아시아 지역으로의 여행을 허가했다. 대학 시절 이후로 줄곧 그는 아시아 종교들과 영성에 관심을 가지고 있었고, 그래서 게세마니에 있는 동안 선 불교 공부에 공을 들이고 있었다. 그는 캘리포니아로, 알라스카로, 인디아로 그리고 실론(Ceylon)으로 여행을 다녔으며, 실론의 부처 상 앞에서 신실하고 신비적인 깊은 경험을 하였다.

태국 방콕에서 종교간 모임을 갖던 중 머튼은 간단한 강의를 하고난 후 모임을 빠져 나왔다. 점심을 먹고, 목욕을 했다. 돌연 그의 방에서 한 마디 외침이 들렸고, 욕실에서 발견될 당시 머튼은 바닥에 누워 전기 선풍기를 움켜잡고 있었다. 욕조에서 나오던 참에 욕실 타일 바닥으로 미끄러져 넘어지면서, 넘어지는 충격을 완화시키기 위해 그는 선풍기를 움켜잡았다. 전기 선풍기에 감전되면서 그는 그 자리에서 사망하였다. 그때 그는 53세였다. 머튼의 시신은 군용 비행기를 통해 수도원으로 이송되었는데, 공교롭게도 그 비행기 안에는 베트남 전에서 사망한 병사들의 시신들도 같이 수송되고 있었다.

게세마니에 안치된 토마스 머튼의 무덤은 다른 트라피스트 수도사들의 무덤처럼 평범한 모양을 갖추고 있으며, 소박하게 하얀 십자가가 새겨져 있다. 그의 묘비명은 “루이스 머튼 사제. 1968년 12월 10일 사망”이라고 적고 있다. 그는 수도원 성당 아주 가까이에 다른 트라피스트 형제들과 더불어 푸른 잔디 아래 누워있다.

제 2 장

(육체를 지닌) 영혼의 이야기

글을 진행하기에 앞서, 미리 언급해야만 할 것이 있다. 예수회 사제들에 대한 사람들의 고정관념들에도 불구하고, 필자는 교수나 학자가 아니다. 사도 바울이 대답했다면, "결코 아니다"고 했을 것이다. 필자는 어떤 예수회 형제들처럼 여러 개의 박사 학위를 갖고 있지도 않다. 심지어 한 개도 없다. 여느 학회전문지에 글을 출판한 적도 없으며, 그 어디서도 정교수로 임명된 적도 없고, 대학이나 고등학교에서 가르쳐 본 적도 없다.

그래서 다년간 획기적인 학문적 연구에 기초하여 토마스 머튼이나 진정한 자아에 관해 정교한 신학적 가설을 제안할 능력이 없다. 사실대로 말하자면, 학문적인 어떤 것도 제안하지 않을 것이다. 주지하듯, 긴 시간 동안 머튼의 저작들을 연구해 온 학자들의 훌륭한 책들이 많이 있다. 머튼이 저술한 것보다 더 많은 책들이 그에 관해 기술하고 있음은 엄연한 사실이다—그가 얼마나 왕성한 저술가였는지를 상기한다면 이는 주목할 만한 사실이다.

아무튼 나는 통상적으로 학자가 아니라서 머튼에 관하여 저술해 왔던 위대한 학자들의 연구에 견줄만한 그 어떤 것도 시도하지 않을 것이다. 내가 제공할 수 있는 최선의 것은 오직 내 자신의 경험, 토마스 머튼의 저술들을 읽어낸 내 자신의 독서, 그리고 진정한 자아에 관한 머튼의 저술들이 나의 영적인 삶 속에서 의미해 왔던 바에 관한 것이다.

하지만 영성을 언급하는 대목에 이르러서, 머튼은 경험이 바로 출발지라고 여러 번 언급했다. 머튼에 대한 나의 경험은 거룩하게 된다는 것이 무엇을 의미하는지 그리고 내 자신(yourself)이 된다는 것이 무엇을 의미하는지에 대한 가르침이었다. 단적으로 말해서, 머튼은 우리에게 성인(a saint)이 된다는 것이 무엇을 의미하는지에 관하여 많은 것을 말해주었다. 이점을 염두에 두면서, 경험과 더불어 발걸음을 내디뎌 보자.

예수회 신부가 되겠다는 나의 소명은 뉴욕의 그리스도의 몸 교회에서 태동되었다고 말할 수 있을 것 같다: 특별히 교회 뒤편에 있는 세례반, 즉 토마스 머튼이 1938년 세례 받았던 바로 그 돌 대야에서 말이다. 비록 나는 성인기의 많은 시간들을 뉴욕에서 보냈지만, 머턴의 삶이라는 아이콘(icon)이 처음 뇌리를 스쳐간 것은 겨우 최근의 일이다.

예수회 신부로서 뉴욕으로 간 이후, 주변을 지나갈 때마다 그리스도의 몸 교회로 발걸음을 옮기면서 머튼이 새 삶을 시작한 자리를 방문하려 했다. 그러나, 어떤 연유인지 모르지만, 내가 방문할 때마다 교회는 닫혀 있었다. 그래서 매번 방문할 때마다 머튼이 자서전 『7층 산』에서 인상적으로 기술하고 있는 교회의 빨간 문을 보는 것으로 만족해야 했다.

자신의 책에서 설명하듯이, 머튼은 예수회 시인이었던 제라드 맨리 홉킨스(Gerard Manley Hopkins)를 기숙사 방에 앉아 읽고 있었다. 그 시인이 가톨릭으로 개종을 생각하면서, 머튼은 결국 자신도 세례 받아야만 할 것이라는 생각에 돌연히 사로잡히게 되었다. 그는 "아홉 거리만 지나면 됐다"고 말하며, "그리고 121번가 길 골목을 돌면, 벽돌로 지어진 교회가 있고 그리고 사제관이 내 앞에 있다. 출입구에 서서, 벨을 울리고 기다린다"고 적고 있다.

그 교회 내부를 보는 것은 일종의 집착이 되었다. 왜냐하면 나는 머튼이 뉴욕 시에 살던 젊은 시절 머물렀던 다른 곳들을 이미 다녀보았기 때문이다. 머튼의 흔적을 찾아 수없는 순례들을 했었는데, 예를 들어 그리니치 빌리지의 페리 가에 있는 평범한 벽돌 건물도 다녀왔다. 그곳은 머튼이 대학원생 시절 방을 세 내어 살던 곳으로서 1930년 대 머튼이 펜과 잉크로 그렸던 모습 그대로 남아 있었다. 그러다 이 년 전 내가 속한 신앙 공동체인 예수회 신부의 어머니가 돌아가셨는데, 장례식이 그리스도의 몸 교회에서 열리기로 예정되어 있었다.

매섭도록 차가운 1월 아침 일찍 거기에 이르렀을 때, 주임신부가 맞아 주셨다. 그에게 머튼에 관한 내 관심을 말했더니, 교회 뒤편을 가리키며 말하기를, "그거 아세요? 저기가 바로 그가 세례 받은 곳이랍니다."

차가운 대리석 세례반의 테두리를 만지는 순간 내겐 심오한 감동이 밀려왔고, 또한 엄청난 만족감이 차 올랐다. 바로 토마스 머튼의 저작들, 특별히 『7층 산』과 『누구도 고립된 섬과 같은 존재가 아니다』(*No Man Is An Island*)와 같은 책들이 오늘의 자리로 나를 인도했고, 나로 하여금 내 본연의 인격이 되도록 도와주었기 때문이다.

나는 아주 종교적인 가정에서 자라지는 않았다. 우리는 분명히 가톨릭이었지만—보다 구체적으로 필라델피아 가톨릭이었지만—매일 미사, 식사기도, 저녁 기도, 묵주 낭송 등과 같은 것들에 헌신하는 부류의 가족은 아니었다. 사실대로 말하자면, 내 아버지는 가끔 내 누이와 나를 우리 교구 교회에 주일 미사까지 태워 내려주고는 차 안에서 기다리며 일요신문을 읽곤 하셨다. 지금 생각하면 웃겨 보이지만, 당시는 나름대로 논리가 있었다. "한 평생 충분할 만큼 미사를 다녔어"라고 아버지는 농담을 하기도 했다. "성인이 되면 너희들도 마찬가지로 미사 다니기를 그만둘 수 있어." 혹시 독자들이 내가 어린 시절의 불만들을 장황하게 늘어놓기 시작한다고 생각할지도 모르겠다. 하지만 내 부모님들은 사랑이 많으시고 인자하셨지만, 단지 눈에 띌 만큼 종교적이지는 않으셨을 뿐이다.

11살이 되어 견진 성사(confirmation)를 할 때까지 나는 의무적으로 CCD에 참석하였는데, CCD란 공립학교를 다니는 가톨릭 어린이들과 청소년들을 위한 일종의 주일학교 같은 것이다. 그러나 그 후 얼마 지나지 않아서 나는 가지 않았다. 왜냐하면 나는 내가 원했던 것, 성체 성사와 견진 성사 모두 이행했기 때문이다.

그 무렵 나는 처음으로 묵주를 받아 침대 기둥에 매 두었다가, 밤에 잠이 오지 않을 때 그것을 가지고 기도했다. 이따금 아침에 묵주를 침대 기둥에 걸어 두는 것을 잊고, 침대 시트에 떨어뜨려 방바닥에 굴러다니게 했다. 어머니는 이것 때문에 나를 꾸중하셨다. 왜냐하면 결국 그것을 다시 집어 올려놓는 사람은 어머니였기 때문이다. 어느 날인가 어머니는 의도치 않게 내 묵주를 진공청소기로 훑고 지나가셨다. 다시 끄집어냈을 때, 묵주 구슬 3개가 부서진 이후였다. 학교에서 집에 돌아와, 나는 침대 기둥에 달려있는 묵주를 보곤 말했다, "내 묵주에 무슨 일이 생겼는지 와 보세요!" 내 마음을 풀어 줄 요량으로 어머니는 말씀하시기를, "글쎄, 밝은 쪽으로 생각해 보렴. 이제 묵주 가지고 그렇게 오래 기도하지 않아도 되잖니!"

그 후 오래지 않아, 나는 한 잡지에서 성 유다(Saint Jude)의 조각상 광고를 보게 되었는데, 성 유다는 절망적 원인들을 풀어주는 수호성인이다. 어떤 잡지였는지 기억 나지는 않는다. 왜냐하면 부모님들은 가톨릭 교회에서 출판한 것들이 집안에 굴러다니게 남겨두는 법이 없었기 때문이다. 그러나 그 조각상의 사진은 나로 하여금 기꺼이 3달러 50센트를 봉투에 담게 할만큼 호소력이 있었다. 무엇 때문에 내가 성 유다에 내 유아기적 욕망을 집중하여, 아치 만화책을 하나 더 구입하는 대신 그 플라스틱 조각상에 3주치 용돈이 넘는 돈을 지출하게 되었는지 정확히 기억나진 않는다. 회고해 보면, 당시 내가 갖고 있던 또 다른 집착은 시어스 백화점 카탈로그에서 보았던 초록색의 2인용 텐트였지만,

이것 역시 성 유다 때문에 관심 밖으로 밀려나고 말았다.

몇 주 후 나는 작은 갈색 봉투에 담긴 소포를 우편으로 받았다. 거기에는 9인치(약22.86센티미터) 키의 베이지 색 플라스틱 조각상과 절망적 원인들을 풀어 주는 수호성인에게 기도할 때 사용하는 기도 소책자가 함께 들어 있었다. 지팡이를 들고 어떤 얼굴(예수의 얼굴이라고 생각되지만 정확히 누구 얼굴인지는 말하기 어렵다)이 그려져 있는 접시를 들고 있는 베이지 색 성 유다는 내 침실 옷장 꼭대기 가장 눈에 잘 띄는 자리에 놓아 두었다.

그 나이 때 나는 겨우 이따금씩 하나님께 기도하는 습관이 있었는데, 주로 어떤 것을 간구하기 위해서였다. 예를 들면, "다음 시험에서 A 학점 받게 해주세요." "올해 어린이 야구 리그에서 잘하게 해주세요." "좀 더 유명한 사람 되게 해 주세요." 이런 종류 말이다.

나는 하나님을 위대한 문제 해결사(the Great Problem Solver)로 상상하곤 했는데, 단지 열심히 기도하면, 즉 올바른 기도문을 사용해서 정확하게 올바른 방법으로 기도하면, 모든 것을 해결해 주실 수 있는 분으로 말이다. 내 생각에 하나님은 능력 있으시지만, 또한 멀리 떨어져 계신다. 그리고, 내 바램과 달리 더 빈번히 일어나는 일이지만, 만일 그 위대한 문제 해결사가 일을 해결할 수 없다면, 나는 성 유다에게 의지했다. 만일 어떤 일을 행하는 것이 하나님의 능력 밖의 일이라면, 그렇다면 그것은 분명코 절망적 원인임에 분명했고, 그렇다면 성 유다가 담당한 몫이었다.

어린 시절 대체로 나의 종교 생활은 이따금 교회에 나가 묵주를 굴리며 기도하고 그리고 하나님과 성 유다에게 도움을 구하는 것이 고작이었다. 성 유다는 고등학교 때까지 10년 동안 내 옷장 꼭대기에 참을성 있게 서 있었다. 내 고등학교 친구들은 우리 집에 올 때 대개 내 침실에서 놀곤 했는데, 그 때도 성 유다를 좋아하고는 있었지만, 그 친구들이 내 옷장 위에 서있는 이상한 플라스틱 조각상을 보고 무슨 말을 할지 두려웠다. 그래서 성 유다를 내 양말 장 속으로 쑤셔 넣고는 아주 특별한 경우에만 끄집어내곤 하였다.

별개의 문제일 수 있겠으나 내 신앙 또한 그 후 몇 년간 양말장으로 좌천되었다. 고등학교 시절 한 달에 몇 번 미사에 가긴 했지만, 그 어중간한 수준의 종교성마저도 마침내 점점 사그라들었다. 그리고 내 신앙이 얄팍해져 감에 따라, 성 유다, 묵주, 성만찬, 기도 그리고 그 외 나머지 것들에 대한 나의 친밀감도 약간 어린애 같은 것으로 여겨지기 시작했다: 어리석고, 미신적이며 또한 살짝 당혹스러운 것으로.

그래서 내가 27살의 나이로 예수회에 입문했을 때, 나는 신앙에 관하여 겨우 11살짜리 정도의 지식밖에 갖고 있지 않았다. 이는 오늘날 많은 미국 가톨릭들이 이르게 되는 자리이다: 견진성사를 받았지만 문답교육을 온전히 받지는 못한 가톨릭 교인들. 초심자 지도자가 미사에 충분한 성작 수건과 성체포가 있음을 확인하라고 당신에게 말할 때, 그가 무슨 말하는지 모르겠다면, 그건 상당히 당혹스런 일이다.

그러나 나는 헛물켜고 있었다. 펜실배니아 대학에 입학하면서, 나는 보다 정기적으로 교회에 나가기 시작했다—말하자면, 한달에 한번 혹은 두 번. 그리고 이따금 하나님께 기도하면서, 이것저것을 간구했던 것 같다: 좋은 성적, 좋은 직장 등등. 여전히 하나님과 나의 관계는 주로 내가 무언가를 구하는 일을 중심으로 삼고 있었다.

나는 여전히 무종교적이라 부를만한 사람이었다. 그리고 뿐만 아니라 무반성적이기도 했다. 나는 남들을 따라 그리고 내게 최고의 직업을 가져다 줄 것이라 생각하는 바를 따라 과목 수강을 결정했다. 그래서 펜실베니아 대학의 와턴 비즈니스 스쿨에 등록했고, 재무를 전공했고 그리고 퍽 괜찮게 공부했다. 불행히도, 다음과 같이 물어줄 사람이 주변에 아무도 없었다: "네가 지금 하고 있는 것을 좋아하는 거니?" 혹은 "너의 이력을 위해 무엇을 하길 원하니?"

혹은 보다 기본적으로 "넌 어떤 사람이 되기를 원하니?"

나의 진정한 자아를 발견하는 일에 관하여 누군가 나에게 물었다면, 난 분명코 웃음을 터뜨리고 말았을 것이다.

여전히 졸업 후 가방 끈을 따라서, 나는 뉴욕 시에 있는 제너럴 일렉트릭 회사에 취직하였다. 나는 국제 재무와 회계부에 배속되었고, 긴 목록의 숫자들을 합산하여, 누구도 읽지 않을 보고서를 발행하고 그리고 끝이 안 보일만큼 두꺼운 회계 장부들을 만드는 일이 주 임무였다. 그것은 따분한 일이었고, 그래서 나는 거의 입사하자마자 탈출할 길을 갈망했다. 이 시점에서 내 신앙은 보일락 말락 불타는 불꽃이었는데, 내 삶 속에서 간신히 식별할 수 있는 정도였다. 나는 비록 여전히 위대한 문제 해결사에게 기도했고, 내가 이것 저것 필요할 때마다 하나님에게 부탁했다: 파격적인 (연봉) 인상, 더 좋은 아파트, 덜 미친 상급자 등.

내 몫을 지키기 위해, 나는 성 빈센트 페러 교회에 출석했는데, 맨하탄의 내 아파트 근처에서 도미니크 수도회가 운영하는 교구였다. 내가 얼마나 멍청했는지 좀더 고백하자면, 수사 수련 기간 동안 나는 예수회 신부를 만났는데, 그에게 성 빈센트 교회에 관하여 말했더니, 내게 말하기를, "그래, 그럼 거기 있던 도미니칸(the Dominicans)[1]들을 알겠구만." 나는 그가 말하는 도미니칸이 도미니카 공화국으로부터 온 사람들을 의미하는 줄 알았고, 그래서 대답하기를, "글세, 내가 거기 다닐 때에는 대부분 백인들이었어요."

제너럴 일렉트릭(G.E.)에서 일하면서 나는 뉴욕에 몇 년 머무르다, 결국 커네티컷 주 스탬포드에 있는 사무실의 자리로 옮겼다. 미국 기업인으로서 6년간의 시간을 보낸 후, 마침내 나는 내가 비참하다는 사실을 인정하지 않을 수 없었다: 과중한 업무에 지치고, 스트레스에 눌리고, 외롭고 그리고 올무에 엮여 사는 것 같다는 느낌. 내 삶은 분별 가능한 목적이나 의미를 갖고 있지 못했다. 이런 생각을 했던 것을 기억한다: 나는 일하러 가서 돈을 벌고 그래서 일하러 가는 것이 전부였다 (I go to work so I can make money so I can go to work). 그 생각을 가능케 하는 논리는 절망적일만큼 순환적이다. 내 친구들 중에는 사업 현장에서 일하는 것을 여전히 즐기는 친구들이 많이 있지만, 이제 그런 삶의 방식은 내겐 맞지 않았고 그래서 그만두고 싶었다.

유일한 문제는 내가 갈 길을 찾을 수 없다는 것이었다.

어느 날 저녁, 집에 돌아와 텔레비전을 켰다. 지역 공영방송 채널이 토마스 머튼이라는 이름의 가톨릭 사제에 관한 다큐멘터리를 방송하고 있었다. 머튼에 관해 한번도 들어본 적이 없었지만, 말하고 있는 주제가 연이어 화면에 나오고 있었는데, 자신들

1) 도미니크 수도회 신부들을 부르는 이름이다.

의 삶에 미친 머튼의 영향력을 증언하는 것이었다. 그 몇 분 밖에 안 되는 순간에 나는 머튼이 밝고, 재밌고, 거룩하고 그리고 무엇보다도 독특하다는 생각을 갖게 되었다. 그러나 그 방송에 담긴 어떤 다른 것이 나를 끌어당기고 있었다. 그것은 밝히 드러난 그의 얼굴표정이었다: 토마스 머튼의 얼굴은 내가 전혀 알지 못하는 어떤 평화를 뿜어내고 있는 것처럼 보였다. 그의 얼굴은 이렇게 말하는 듯 했다: "보라, 난 행복하다." 그 다큐멘터리는 상당히 흥미로워서 즉시 나는 그의 자서전 『7층 산』을 검색하여, 사서, 읽었다. 나는 그 책에 사로 잡혔는데, 이전에 그 어떤 책도 나에게 그런 적은 없었다.

머튼의 자서전은 프랑스에서 보냈던 그의 생애 초기부터, 그의 슬프고 외로운 소년시절, 프랑스 지방공립학교에서 캠브리지로 그리고 컬럼비아로 이어졌던 그의 교육과정, 그의 회심 그리고 마침내 트라피스트 입회에 이르는 과정으로 독자를 이끌고 간다. 그것은 전반적으로 젊고 열정적인 회심자의 책이다. 가톨릭교회가 유일하게 참된 신앙이고, 그는 올바르고 유일한 결정을 내렸고, 자신이 하나님의 의지를 따르고 있다는 사실을 그는 확신하고 있었다. 그런 과장된 확실성을 드러내고 있음에도 불구하고, 그 책은 그 어떤 다른 책과 달리 나에게 가까이 다가왔다. 혹은 언제나 그랬다. 대략 내 나이 정도의 한 사람이 있는데, 그는 내가 겪었던 것과 동일한 문제를 놓고 분투하고 있었다: 자만심, 실망, 혼동, 의심, 슬픔, 외로움. 그보다 중요한 것은 여기 그 어떤 사람이 진정으로 자신이 누구인지를 발견하는 문제에 대한 해답을 찾은 것처럼 보인다는 것이다.

그의 이야기를 읽어갈 때, 머튼의 여행은 어떤 면에서 내 자신의 여행이 되었다. 그가 가톨릭이 되는 과정을 시작하고자 그리스도의 몸 교회 문을 걸어 들어가는 장면을 기술하는 지점에 이르렀을 때, 내 자신이 흥분돼 있음을 알았다. 머튼이 세례받을 때, 나는 "드디어!"라고 생각했다. 그리고 몇 쪽을 더 내려가 머튼이 게세마니 수도원의 문에 이르렀을 때, 나는 다시금 "드디어!"라고 생각했다. 그러나 이번에 느끼는 "드디어!"는 내 자신에게도 적용되는 것처럼 여겨졌다. 다른 말로, 그가 했던 일이 내가 해야 할 일이라는 생각이 들기 시작한 것이다.

그때부터, 손에 구할 수 있는 머튼의 저술은 모두 읽었고, 뿐만 아니라 영적인 삶과 약간의 연관성만 있다고 여겨지면, 그 어떤 것이든 닥치는 대로 읽었다. 루이스의 어린 시절 회고록인『기쁨으로 놀라』(*Surprised by Joy*), 프랑스 작가 조르주 베르나노스(George Bernanos)의 소설『시골 사제의 일기』(*The Diary of a Country Priest*), 그리고 도스토예프스키의『까라마초프 가의 형제들』 등을 읽었다. 심지어 복음서들도 읽었다!

이것은 물론 종교적 삶으로의 소명의 시작이었다. 현대 영성의 어휘들을 사용하여 표현한다면, 하나님은 나의 가장 깊은 욕망들을 통해 일하고 계신다. 그것은 또한 내 진정한 자아를 이루어가는 긴 여행의 시작이었다.

그러나 난 그런 식으로 보지 못했다. 당시 그 모든 것은 좋게 말해서 몽상으로 여겨졌고, 나쁘게 말하면 미친 짓이었다. 큰 문제도 역시 있었다: 난 토마스 머튼이 나아갔던 삶에 적합할 것 같지 않았다. 내 배경 혹은 교육 과정이 나에게 준비시켰 왔던 것과 그의 삶은 전혀 달랐다. 그래서 난 옴짝달싹 못하고 있었다. 머튼의 책『요나의 징표』에 나오는 구절을 인용하자면, 내가 받은 모든 교육은 왼쪽을 가리키고 있고, 그리고 내 모든 이상들은 오른 쪽을 가리키고 있었다.

그때, 나는 머튼의 또 다른 책, 명상록 시리즈들 중 한권인『누구도 고립된 섬과 같은 존재가 아니다』란 책을 만나게 되었다. 그 책은 어떤 구조나 혹은 주제라 부를 수 있는 방식을 갖추고 있지 않아서 혼란스러웠다. 그것은 단지 절망, 희망 그리고 자유와 같은 것들에 관한 머튼의 혼잣말이었다. 각 장들은 "십자가의 말씀"과 "바람은 제 원하는 곳으로 분다"와 같은 신비스러운 제목들을 달고 있었다. 그것은 무엇을 의미하는가?

다시 또 불행한 날을 일터에서 소진하고 돌아온 어느 날 밤늦게까지 그 책을 끝까지 읽어 내려가면서, 나는 "존재와 행위"라는 제목의 장에서 다음과 같은 구절을 발견하게 되었다:

> 만일 우리가 단지 우리가 원하는 것만을 알고 있다면, 왜 결코 원하지 않는 어떤 것이 되려고 분투하면서 우리 삶을 소진해야만 하는 걸까? 단지 잠시 멈춰서서 그것들에 관해 생각해 보면, 왜 우리는 우리가 만들어진 목적과는 정반대의 것들을 하는데 시간을 낭비하고 있는 것일까?

그리고 나는 생각했다, "맞아, 그게 바로 나야!"

그 구절은 하나의 전환점을 가져다주었는데, 난 자주 그 구절로 돌아가곤 했다. 그것은 진짜 "아하!"의 순간이었다. 머튼은 내 감정들을 언어로 표현해 주었던 것이다: 나는 귀속된 삶을 살기 위해 만들어진 존재가 아니다. 그런데 나는, "결코 원하지 않는 어떤 것이 되려고 분투하고 있었다."

그 몇 줄이 내 삶의 모든 것을 바꿀 것을 진지하게 고민하도록 이끌었고 영성에 더 많은 관심을 두도록 했으며, 종내에는 사제직과 수도회를 고민하도록 인도했고, 마침내 제수잇(Jesuits)으로 알려진 예수회(the Society of Jesus)에 들어가도록 만들었다.

그것은 의심과 혼동과 좌절과 막다른 골목들이 없지 않았던 긴 과정이었지만, 결국 내겐 예수회의 삶의 방식이 기업인으로서의 삶의 방식보다 훨씬 더 만족스럽게 여겨졌다. 그래서, '그럼, 한번 해보지 뭐' 하는 생각을 갖게 되었다. 그래서 대학 졸업한지 6년 만에 그리고 토마스 머튼을 만난 지 2년 만에 나는 예수회 수사 수련에 들어갔다. 그것은 내가 선택한 최고의 결정이었고, 놀랍게도, 하나님이 나를 위해 그 결정을 내려주신 것으로 여겼다. 난 그 문제에 대해 어떤 해답도 구한 적이 전혀 없었다. 모든 것이 말해주듯, 결국 그 위대한 문제 해결사는 내가 단지 희미하게만 이해하고 있었던 문제를 풀어주기 위해 힘쓰고 계셨다.

제3장

참 자아와 거짓 자아

토마스 머튼은 내가 수사 수련기간에 들어간 후에도 계속 큰 도움이 되었다. 참 자아에 대한 그의 단순한 개념, 즉 우리가 하나님 앞에 있는 사람이라는 개념 그리고 본래적 의미로서의 인격 개념은 내 영적 삶에 결정적인 통찰이었다. "결코 원하지 않는 어떤 것이 되려고 분투함"에 대한 구절들은 계속해서 내 매일 매일의 명상의 일부가 되었다.

전반적으로 내 자신을 이해하고 그리고 내 자신을 용납하기 위한 탐구는 예수회 수련 수사로서 나에겐 가장 중요한 여행이었다. 흥미롭게도, 내가 『누구도 고립된 섬과 같은 존재가 아니다』에서 인용하는 문장 바로 다음 줄은 다음과 같다: "우리 자신을 알기 전에 우리는 우리 자신이 될 수 없다." 그래서 나는 내 자신을 알기 위한 탐험을 시작했다. 사실 나는 『7층 산』을 처음 읽기 시작한 날 본격적으로 그 여행을 시작했었으나 그 당시에는 그렇게 생각하지 못했다. 만일 누군가 물었다면, 아마도 난 단지 나의 낡은 삶으로부터 "탈출하고자" 노력하고 있을 뿐이라고 대답했을 것이다.

거짓된 자아로부터 멀어져 참 자아가 되어가는 점진적 과정으로 기술하는 것이 보다 더 정확할 것 같다. 참 자아를 알기 전에 우리는 통상 우리가 평생 동안 구축하고 양육해온 거짓 자아를 대면해야만 한다.

그의 책 『명상의 새로운 씨앗들』에서 머튼은 적기를, "우리 모두는 환상에 불과한 사람의 그림자로 덮여있다: 그 거짓된 자아." 그의 대표적인 통찰을 통해 머튼은 거짓된 자아를 우리가 세상에 드러내기 원하는 사람으로 그리고 우리가 세계의 중심으로 삼기 원하는 사람으로 동일시한다:

> 따라서 나는 쾌락을 향한 욕망, 경험과 권력과 명예와 지식과 사랑을 향한 갈망 속에서 이 거짓된 자아의 옷을 입고, 그의 허무함을 객관적으로 실재하는 어떤 것으로 구성해 내기 위해 나의 삶을 소진한다. 그래서 마치 나는 눈에 보이는 어떤 것으로 겉을 덮어야만 눈에 보이는 어떤 것이 될 수 있는 투명한 몸인 듯이, 내 자신을 내 스스로와 세계에 인식가능한 것으로 만들기 위해 내 자신의 경험들로 둘둘 말아, 쾌락과 영광으로 붕대처럼 내 자신을 싸맨다.

길게 감긴 천 가닥으로 미이라처럼 싸인 투명인간처럼, 거짓된 자아의 붕대로 "옷입혀진"다는 이 개념은 나에게 깊은 심금을 울렸다. 내가 오랫동안 다른 이들에게 보여줘왔던 자아－기업체의 위계 서열을 올라가는 일에 관심하고, 언제나 영리하고 약삭빠르게 처리도록 노력하고, 어떻게 최고의 와인을 주문하는지에 관심하고, 열정적인 파티에 참석하는 일에 가장 열중하고, 세련된 클럽에 들어가는 일에 가장 관심하고, 세계 안에 내 자리를 결코 의심하는 일 없이, 한 마디로 언제나 "멋지게"(cool) 보이는 일에 관심하는 사람－는 현실적으로 존재하지 않는다. 그 사람은 다름 아닌 내가 쓰고 있는 마스크에 불과함을 알게 되었다.

난 그것을 어느 순간부터 알고 있었다.

대학 4학년 때 어느 화창한 봄 날 나는 새 양복과 넥타이를 매고 캠퍼스를 가로 질러 취업 면접을 하러 걸어가고 있었다. 한편으로, 나는 확신을 느꼈다. 자신 있었고 확고했다. 와튼에서 학위를 마칠 무렵, 내게는 세계 최고의 기업들이 줄 서있는 취직 면접들이 대기하고 있었다. 몇 달만 지나면, 난 많은 돈을 벌 것이고, 아마도 나만의 사무실을 갖게 될 것이고, 여생이 보장될 것이다. 내 팔에는 면접 시즌을 위해 막 장만한 새 고급 카키색 코트가 걸려 있었다.

가는 길에 한 친한 친구가 지나갔다. 그녀는 나를 한번 보더니, "와, 너 든든한 것 들고 가네"라고 말했다. 나는 가면이 벗겨진 느낌이 들었다.

물론 거의 모든 대학생이 그 상황에서 아마도 불편함을 느낄 것이다; 내가 아는 모든 이들은 인터뷰에 가면 약간의 연극을 하고 있다고 느꼈다. 그러나 내 친구의 말은 보다 깊은 차원을 두드렸다:

난 나를 두르고 있는 그 붕대들이 갑자기 벗겨져 내린 듯한 느낌을 받았다. 내가 이것을 원하긴 했지만, 다른 한편으로 내가 원해야 했을 삶을 준비하지 못했음을 내 가슴은 알고 있었다.

사업이라는 것은 많은 사람에게 – 사실, 내 친구들 중 다수에게 – 괜찮은 소명임을 여기서 언급해야만 할 것 같다. 내가 말하는 요점은 사업이 어떻튼 나쁜 것이 아니라 오히려 그러한 삶은 내가 하기를 원했던 것과 상당히 대립적이라는 것이다. 하지만 나는 수많은 시간에 걸쳐 이 페르조나[1] 즉 이 또 다른 자아를 창조해 왔고, 이 가면적 자아는 모든 사람을 편안하게 할 것이라고 생각했다: 내 가족, 내 친구들, 내 교수님들을 말이다. 그리고 나의 참된 욕망으로부터 분리된 이 "거짓된 자아"는 미국 경제 현장의 기업체 안에서 살아가는 삶이 올바른 길이라고 확신하고 있었다. 이 거짓된 자아는 모든 것에 대해 확신에 차 있었다.

난 프란치스코 수도회 사제인 리차드 로어(Richard Rohr)가 자신의 책 『아담의 귀환』(*Adam's Return*)에서 이에 관해 언급한 대목을 좋아한다: "우리의 거짓된 자아는 우리가 우리라고 생각하는 사람입니다. 그것은 우리의 정신적 자아상이면서 사회적 승인이어서, 대부분의 사람들은 그에 부응해서 살아가고자 혹은 그것을 만회하여 살아가고자 자신들의 전 생애를 소비한다."

이 거짓된 자아를 살리려면 상당한 노고가 필요하다. 그리고 내게 그것은 거의 모든 것을 소진시키는 노력이었다. 그것은 사람들이 나라고 생각하는 모습들이 결코 거짓이 아님을 증명하는

1) 역자 – Persona는 가면처럼 쓰고 있는 나의 성품을 가리키는 것으로서, 사회적 관계를 맺고 있는 이들에게 보여지는 나의 모습과 그러한 모습을 만들어 가는 나의 의지를 가리킨다.

작업을 요구했다: "물론이지요. 난 빨리 일하고 싶어요!" 그것은 또한 그 누구도 삶의 그 어떤 것에 대해서도, 특별히 나의 전문적인 영역에서 나를 불확실한 사람으로 보지 않는다는 사실을 확인시키곤 했다. "물론이지, 난 월스트리트 저널 읽는 것을 좋아해!" 그것은 내 삶속에 담지된 나의 참된 욕망들과 나의 참된 감정들과 나의 참된 소명으로부터 달아나는 일을 요청했다: "물론이지, 난 내 일을 사랑해!"

머튼의 말을 빌리자면, 이 붕대들로 당신 자신을 "옷 입히는 것"은 또한, 만일 당신이 항상 경계하지 않는다면, 이 붕대들이 이따금 벗겨져 그 아래 놓인 당신의 참 자아를 다른 사람에게 드러낸다는 것을 의미한다. 제너럴 일렉트릭 회사에서 일을 시작한지 몇 년이 지나면서, 나는 내 책상에 계속 거듭해서 작은 글자로 다음의 낙서를 께적거리곤 했다: "내 삶이 싫다." 그걸 기억하는 것은 얼마나 슬픈 일인가. 그러나 이것이 내 자신을 표현할 수 있는 유일한 길이라고 느껴졌다.

한 친구가 어느 날 저녁 내 책상에 앉았다가 그 낙서들을 들여다보게 되었다. 그게 저녁 10시 무렵이었고, 우리는 법석을 떨면서, 낄낄거리며 서로를 향해 똘똘 뭉친 종이를 던지고 있었다. 피곤한 하루를 보내며 받은 열을 발산하고 있었다. 그는 내 책상을 흘끗 내려 보았다. 순간, 그는 얼굴을 아래로 떨구고, 그의 얼굴에는 동정어린 표정이 올라왔다. "너 진짜 네 인생을 싫어해?" 라며 그는 조용히 물었다.

그때 내 친구 건너편에 앉아 있는 것이 얼마나 어색하게 느껴지던지. 내 거짓된 자아가 드러나고, 붕대들이 풀리고 그리고 내 진짜 감정들을 보여주는 것이 어찌나 어색하던지. 나는 그에게 솔직하고 싶었다. 두 가지 선택이 있었다: 솔직하게 내 자신을 그 다른 사람과 공유하거나 혹은 거짓말을 하고 내 자신을 친구로부터 감추는 것. 난 두 번째를 선택했다. "뭐?"라고 말했다.

그는 내가 적어놓은 글자들을 가리켰다. 그의 어깨 너머로 쳐다보면서, 나는 그 낙서들을 처음 보는 척 했다. "오!"라고 말하며, 내 거짓된 자아를 감싸고 있던 붕대들을 다시 조심스럽게 가지런히 한 후, "그냥 운수 나쁜 날이라서 그래"라고 말했다. 그 거짓된 자아가 다시 자신을 주장했다. 그 붕대들은 수년간 나로부터 떨어져 나가지 않았다.

머튼 자신의 삶의 궤적은 거짓 자아로부터 그가 꾸준히 멀어져가고 있었음을 분명하게 보여준다. 이는 아마도 트라피스트 수사로서 자신의 소명을 점진적으로 받아들이고 이해한데서 가장 명백하게 볼 수 있을 것이다.

초기 일기들과 서신들은 어떤 확신으로 가득 차 있는 머튼의 모습을 보여주고 있다. 그러나 그 확신은 그의 머물 자리를 향한 갈망을 덮을 수 없었다. 이 감정들은 조금도 수그러들지 않고 지속되다가, 그가 수도원에 들어가는 날에야 마침내 오랫동안 추구했던 안식처를 찾을 수 있었다. 그러나 그때에도, 수도원에 있던 시절 동안에도, 심지어 그가 수사가 된 이후에도, 하나님이 그를 통해 작정하신 사람이 되는 길로 나아가면서 머튼은 그가 어떤 수도자가 되어야 할지를 계속 명상하였다. 수도원의 문을 열고 들어갔을 당시 그의 영적 여행은 끝난 것이 아니었다. 여러 모로, 그 여행은 이제 시작했을 뿐이다.

그러나 그 여행은 고독한 여행은 아니었다. 분명코, 머튼은 이 여행을 "하나님을 발견하는 가운데 내 자신을 발견하는 것"이라고 말한다. 그는 말하기를, 궁극적으로 "만일 내가 그분을 찾는다면, 내 자신을 찾을 것이요, 만일 내가 참 자아를 찾는다면, 나는 그분을 찾을 것이다." 다른 말로, 하나님은 우리가 피조된 그대로의 사람들이 되기를 욕망하신다(desires): 단순하고 순수하게 우리 자신들이 되기를, 그리고 이 상태로 하나님을 사랑하고 그리고 하나님이 우리를 사랑하실 수 있기를. 그것은 참으로 이중의 여행이다: 하나님을 찾는다는 것은 우리 자신이 하나님에 의해 발견되어짐을 의미한다. 역으로 우리의 진정한 자아들을 찾는다는 것은 하나님이 우리의 진정한 자아들을 찾아 우리에게 드러내시는 것을 뜻한다고 볼 수 있다.

이 영적 문구들이 너무나 추상적이고 그리고 너무나 경건하게 들릴지도 모르고, 그리고 아마도 심지어 약간 공허하고 감상적으로 들릴 수도 있을 것 같다. 실천적인 차원에서 이 말들은 무엇을 의미하는가? 그리고 우리는 어떻게 그 통찰을 행위로 드러나게 할 것인가?

간단하게 말해서, 우리가 하나님에게 보다 가까이 다가가지 못하게 만드는 우리 자신들의 부분들로부터 멀어지도록 노력하는 것이다: 이기심, 교만, 공포 등등. 그리고 가급적 우리를 하나님에게 보다 가까이 이끌어 가는 우리 자신의 부분들을 향해 나아가도록 노력하는 것이다. 그 과정 속에서 우리는 우리 자신이 좀 더 사랑스럽고 보다 인자하게 성장해 가는 것을 발견하게 된다. 이를 행할 수 있는 진정한 욕망(desire)은 하나님으로부터 온다는 사실을 우리는 신뢰해야 한다. 말하자면, 우리의 참된 자신을 드러내고자 하는 욕망은 그리고 우리가 하나님에게 보다 가까이 나아가기를 원하는 욕망은 하나님이 우리 안에 심어주신 욕망이다.

동시에 우리 자신의 개별성, 즉 우리 자신의 거룩함의 표지는 점진적으로 드러난다. 우리의 인격은 보다 충만하고 실재적이며 그리고 더욱 거룩해지며 결코 사라지지 않는다. 『칼 라너: 영적 에세이』(*Karl Rahner: Spiritual Writings*)에서 그 존경받는 가톨릭 신학자는, "인간과 하나님의 관계에 대한 기독교적 의미는 사람이 하나님과 더 친밀하게 성장해 갈수록, 그 사람의 실존은 연기한 자락 속으로 사라진다는 식의 것이 아니다"라고 했다.

그러므로 진정한 자아를 향한 탐구 속에서, 우리는 하나님이 우리를 우리 자신이 되도록 부르시는 본질적 방식으로서 우리의 인격과 삶의 가치를 인식하고 받아들이기 시작한다. 모든 사람들은 다른 방식들로 – 대개 매우 다른 방식들로–존귀함의 자리로 부름 받는다. 젊은 엄마에게 존귀함으로 나아가는 길은 나이든 사제의 길과 다르다. 더욱이, 맥주를 돌려 마시며 자신이 좋아하는 야구팀을 응원하며 친구들과 시간 보내는 것을 가장 사랑하는 외향적 성격의 젊은 청년에게 존귀함으로 나아가는 길은 카밀레 차를 마시며 자신이 좋아하는 의자에서 양서를 읽으며 집에 앉아있기를 가장 좋아하는 내성적인 중년 여인의 길과 아마도 무척 다를 것이다. 자기 자신의 거룩함의 브랜드가 보다 분명히 질수록, 참 자아가 더욱 더 드러난다.

그리고 우리가 우리의 진정한 자아에 보다 가까이 나아갈수록, 즉 우리의 모습이 되었어야 할 자아 다시 말해 하나님이 창조하신 자아에 가까이 나아갈수록, 우리의 사랑스런 부분은 더욱 더 확대되고, 우리의 죄된 부분들은 더욱 더 축소된다. 진정한 자유로 나아가는 것을 방해하는 다른 많은 장애들도 마찬가지이다.

리차드 로어(Richard Rohr)가 말하듯이, "일단 당신이 진정한 자아로 살아가는 법을 배우고 나면, 결코 이런 가식에 두 번 다시 만족감을 느낄 수 없다: 그때 이 가식은 너무 어리석고 피상적으로 느껴진다."

그렇지만 이런 생각은 진정한 자아 개념에 대한 중대한 비판을 불러일으킬 수 있다. 얼마 전 이 책에 관하여 다른 예수회 신부님께 말씀드렸을 때, 그는 묻기를, "글쎄, 그건 괜찮은데, 하지만 만일 당신의 참 자아가 소름끼치고, 거짓말하고, 비열한 사람이라면 어떻하지?"

그렇다면, 그 자아는 하나님이 창조하신 사람이 아닐 것이라고 나는 대답했다. 다른 말로, 그의 진정한 자아를 찾으려면, 그 소름끼치고 거짓말하고 비열한 사람은 그 죄악된 모든 자신의 껍풀들 아래에서 자신의 진정한 자아 – 하나님이 창조하신 선한 자아 – 를 찾아내야만 한다. 이기적 자아로 살아온 시간들이 길면 길수록, 자신의 진정한 자아를 찾는데 걸리는 시간도 많이 걸릴 것이라고 나는 생각한다.

예를 들어, 머튼은 자신의 인생여정 속에서 점점 더 넓고 관대한 사람이 되어갔고, 또한 다른 사람들에 대한 머튼의 편협함도 시간이 흐르면서 약화되었다. 이는 자기 자신이 되어 하나님에게 보다 가까이 나아가고자 하는 그의 탐구가 맺은 자연스런 결과물이었다. 그리고 그의 저술들 속에는 이것이 명백히 드러나 있다.

토마스 머튼이 트라피스트 수도원에 들어가기 바로 직전 시기인 1930년대부터 1940년대까지의 일기 모음집인 『세속 일기』(*The Secular Journal*)에서 독자는, 예를 들어, 열정에 차 문학과 예술 그리고 정치와 사람 그리고 이웃고 종교에 대한 강한 믿음을 갖고 있는

똑똑한 젊은이를 만난다. 또한 독자는 그 안에서 때로 참기 어려울 만큼 잘난척하는 젊은이를 보게 된다. (머튼이 자신의 유고에 그런 잘난 척이 가장 적나라하게 드러나는 문장들을 남겨두도록 허락했다는 것은 도리어 머튼의 겸손에 대한 증거이기도 하다.)

예를 들어, 당혹감을 불러 일으키는 기록이 있는데, 그것은 1939년 뉴욕 세계 박람회장의 방문 기록이다. 그 일기에서 머튼은 박람회에 전시된 유명한 그림들을 관람하는 군중들을 관찰하며 자신의 반응을 자세히 기술한다. 그것은 동료 인간들에 대한 머튼의 무자비한 묘사인데, 등장하는 이들은 그 글을 쓰고 있는 작가(머튼)보다 훨씬 촌티나게 그려지고 있다. 그는 심지어 16세기의 플랑드르 화가인 피터 브뤼겔(Peter Bruegel)의 이름을 올바르게 발음할 수 없다는 이유로 그들 중 일부를 조롱하기조차 한다.

> 그 이름을 그냥 읽는 사람들이 거기에는 많았다: "브루-걸," 그리고 부끄러운 기색 없이 그대로 걸어갔다.... 그림들이란 그저 즐거움을 나누기 위해 그 자리에 있는 것이라는 사실조차 모른 채, 부르조아지에게 깊은 인상을 주기 위해 열심히 배워야 할 어떤 것으로 여기는 사람들의 통상적 반응들을 연출하며 그들은 스쳐 지나간다: 그래서 그들은 그 이름을 기억하기 위해 노력한다.

군중들 가운데 자신들이 감상하고 있는 것을 충분히 음미하는 사람들이 있었을 가능성이 젊은 머튼에게는 전혀 먹히질 않는다. 혹은 그들의 미심쩍은 부분을 좋게 해석해 줄 수도 있다는 생각이 마찬가지로 그에게는 전적으로 부재하다.

몇 년 후, 『7층 산』에서 머튼은 자신의 팔팔하지만 이따금 생색내는 듯한 태도들을, 특별히 다른 종교들을 이야기할 때면, 보다 노골적으로 드러내기도 한다. 비록 퀘이커들 가운데 "신실한 사랑"의 예들을 보게 되기도 하지만, 그러나 프렌드 회(the Society of Friends[2])는 경멸 섞인 몇줄로 약술된다: "그러나 내가 윌리암 펜(William Penn)의 작품들을 읽어보니, 몽고메리 와드의 상품 카탈로그[3]만큼 초자연적이라는 생각이 들어, 퀘이커들에 대한 흥미를 접었다." 역설적으로, 머턴의 삶의 후기에 큰 역할을 감당했던 동양적 영성도 마찬가지로 경멸받는다. 스스로 시도해 보았던 자기-최면들에 대한 토론을 개진한 후, 머튼은 적기를, "궁극적으로 나는 모든 동양 신비주의가 이와 동일한 기술들로 환원될 수 있다고 생각한다, 하지만 기술적으로 훨씬 더 섬세하고 발전된 형태일 것이다: 그리고 만일 그렇다면 동양 신비주의는 전혀 신비주의가 아니다." 그렇다면 그 영적인 전통도 마찬가지다! 그러나 머튼은 다음과 같은 사실을 인정하긴 한다: "그것이 그 전통을 그 자체로 악하게 만들지는 않는다...." 얼마나 인자한 사람인가!

그런데, 그의 초기 저작들과는 달리, 『7층 산』안에는 자신의 오만이 사랑으로 동기 부여되어 있지 않다는 머튼의 자각이 담겨 있었다. 사람들에 대한 자신의 반응들이 상당 부분 자기 자신의 결점들로부터 유래한다는 사실을 머튼은 깨닫기 시작했다. 롱아일랜드, 덕래스턴(Douglaston, Long Island)의 조부모 집 근처의 시온 교회 예배를 비판한 후, 그는 자기 자신의 자부심이 "짜증

2) 역자 – 퀘이커가 창시한 개신교 일파로서 프렌드 회를 가르키며, 절대 평화주의자들이다.

3) 역자 – 미국에 19세기 후반부터 있었던 몽고메리 와드라는 회사의 상품 카탈로그를 말하는데, 백화점이나 쇼핑몰이 지금처럼 많이 없던 시절, 상품 목록과 광고가 실린 잡지는 사람들에게 소비의 신령한 힘을 불어넣어 주는 힘이 있었던 것 같다. 머튼은 바로 그것을 퀘이커 신앙으로 풍자하고 있는 것이다.

을 증가시키고 그리고 더 복잡하게 일을 꼬고 있다"는 사실을 인정하게 되었다.

이 모든 것이 초기 머튼과 얼마나 다른가! 수도원에서 수년을 보낸 후, 그는 다른 사람들에게, 다른 관점들에 그리고 심지어 이전에는 삶의 모든 나쁜 것을 의미하던 "세상"에 까지 부드러워지기 시작했다. 머튼의 참 자아, 즉 그의 교만과 상처 아래 묻혀있던 다정다감한 인격이 드러나기 시작했고, 그래서 이제 심지어 그가 알지 못하던 사람들까지도 하나님과의 관계의 빛에서 보게 되었다. 그가 하나님과 보다 많은 시간을 보낼수록, 그는 더욱 더 인자해졌다. 그의 진정한 자아는 인자한 자아였다.

1939년 박물회장의 참석자들을 보며 가졌던 머튼의 경험과 1958년 루이스빌에서 일어났던 그의 유명한 현현(epiphany) 경험을 비교해 보라. 그는 이 루이스빌의 경험을 자신의 책『죄책감을 느끼는 관망자에 대한 억측들』(*Conjectures of a Guilty Bystander*)에서 적고 있다. 머튼은 의사를 만나러 막 읍내로 들어왔다. 분주한 교차로에 서서 그는 다음의 사실을 깨닫는다:

> 루이스빌, 4가와 월넛 가 코너, 상가 지역 복판에서, 나는 그 모든 사람들을 사랑한다는 것, 그들은 나의 사람이고 나는 그들의 사람이라는 것, 그리고 비록 우리는 완전한 남남이지만 그럼에도 불구하고 우리는 서로 낯설 수 없다는 깨달음에 나는 돌연히 압도되었다. 그것은 분리됨의 꿈으로부터, 자기만의 특별한 세계 안에 스스로 갇혀버린 거짓된 자기-고립으로부터 금욕과 소위 성스러움의 세계를 일깨워내는 것과 같은 것이다.

삶의 후반에 토마스 머튼이 자신은 더 이상『7층 산』을 저술한 사람을 알지 못한다고 말했던 것은 우연이 아니다. 수년 전에 군중들과 떨어져 서 있었던 사람은 이제 그들 가운데 확고히 서서, 그들을 사랑하고 있다. 진정한 자아는 이제 어느 정도 거리를 두고, 어느 정도의 지혜와 심지어 어느 정도의 사랑(compassion)을 가지고 거짓된 자아를 숙고할 수 있게 된 것이다.

제4장

그렇다면, 나는 누구인가?

예수회에 입문한 것은 나에겐 거짓된 자아를 감싸고 있던 붕대들을 제거하기 위한 발걸음이었다. 그것은 또한 진정한 자아의 정체성을 드러내기 위한 여정이었다.

이러한 말은 적어도 두 가지 이유에서 거만하게 들릴 수도 있을 듯하다. 먼저 언급할 것은, 하나님이 우리를 그러한 자유로 초대하셨다는 사실이다. 예수회 수사 수련기간 중에 일어났던 일은 하나님이 나를 위해 간직하고 계셨던 본래적 부르심(call)의 연장이었다. 여느 영적인 여정에서와 마찬가지로, 나는 그 여행의 추동자가 아니었다. 둘째, 내가 참 자아를 향하여 나아가기 시작했다는 진술이 내가 이미 그 지점에 도달했다는 의미로 결코 이해되어져서는 안 될 것이다! 다시금 사도 바울의 말을 인용하자면, "결단코 아니다!" 나는 나를 통해 의도된 바대로 존재할 수 없도록 가로막고 있는 많은 것들로 여전히 가득 차 있는 사람이다. 영적 저술가들의 어휘로 말하자면, 나는 "부자유함"(unfreedom), "엉망진창의 집착들," "죄의 상태로 나아가려는 성향들," 그리고 그저 평범한 오랜 "죄"로 여전히 가득 차 있다. 그래서 나는 다른 모든 사람들과 마찬가지로 나의 길을 찾으며, 그 길을 따라 여전히 오랜 동안 여행하고 있는 중이다. 그러나 예수회 수사 수련에 입문한 것이 나로 하여금 내가 본래 어떤 존재이어야 하는지에 대한 진지한 생각을 하도록 촉발하지 않았다고 말하는 것도 부정직한 말이 될 것이다.

그러면 아무튼 나는 누구여야 할 거라고 생각해야 할까? 나의 진정한 자아란 무엇인가? 그리고 나는 어떻게 — 그것이 무엇이든— 그를 혹은 그것을 찾을 것이라고 생각해야 할까? 진정한 자아를 향한 탐색은 당신을 당신 자체로 하나님이 아시도록 만드는 탐색의 일부라고 머튼은 적고 있다. 그러나 내가 이 문구를 처음 읽었을 때, 그 구절이 무엇을 의미하는지 혹은 그 문구들을 어떻게 살아 작용하게 할 수 있는지 확신할 수 없었다. 다행스럽게도, 내게는 그 길을 따라가도록 도와줄 몇몇 훌륭한 영적 지도자들(spiritual directors)이 있었다.

이 여행의 대부분은 어떤 사람이 되고자 하는 나의 요구를 내려놓도록 한다. 괘념할 필요는 없다. 특정한 그 누구를 말하는 것이 아니라, 내가 남 달라야 할 필요가 있다는 느낌을 말하는 것이다. 수사 수련기간 초기, 거룩하게 된다는 것은 나라는 지체의 본질적인 부분이 변하는 것을 의미한다고 생각하고, 나의 인성 위에 거룩을 쌓아가려 하기 보다는 인성 자체를 억눌렀다. 하나님께 내 자연적 욕망들과 성향들을 성화하고, 심지어 완전케 해달라고 간구하기 보다는 나는 그것들을 근절하고자 하였다. 내 생각은 이랬다: 나는 분명코 거룩한 사람이 아니고, 그러므로 거룩하게 된다는 것은 다른 사람(a different person)이 되는 것을 의미한다고 생각했다.

이상하게 들리겠지만, 나는 내 자신이 된다는 것은 곧 어떤 다른 이가 된다는 것을 의미한다고 생각했다.

예를 들어, 내가 존경하던 어느 수련 수사는 조용하고, 부드럽게 말하고 그리고 조신하고 내성적임을 주목하게 되었다. 그래서 생각하기를, "나는 조용하고, 부드럽게 말하고 그리고 조신하고 내성적일 필요가 있다." 그를 따라 나는 다음 며칠을 조용하게 있으려는 시도로 거의 부질없이 소모하였다. 누군가 마침내 "너 정말 괜찮니?"라고 묻기 전까지 말이다. 다음주 나는 아침 일찍 기도하기를 특별히 좋아하는 누군가를 만났고, 그가 매우 경건한 듯이 여겨져서, 나 스스로 말하기를, "옳지, 나도 아침 일찍 기도하기를 시작해야만 하겠어." 그 직후, 내 삶의 조절을 위해 아침 5시에 일어났다. 그 일이 나를 녹초가 되어 쓰러지게 만들 때까지 말이다.

내 영적 지도자는 내가 나 이외에 그 어떤 다른 사람처럼 될 필요가 전혀 없다는 사실을 계속해서 나에게 주지시켜 주었다. 그러나 그 충고를 소화시켜 체득하기까지는 시간이 걸렸다.

나는 예수회 신부가 될 자격이 없다는 생각이 마음속에 오랫

동안 남아있다는 것 외에도 내 태도 안에는 상당한 시기심이 담겨 있었다. 내 삶의 여러 다양한 시기에, 특별히 일들이 뜻대로 잘 안 풀려 나갈 때, 나는 다른 사람들을 부러워하고 심지어 질투하기까지 했다. 나의 선망은 마음속으로 다음과 같이 압축되었다: 다른 모든 사람들은 나보다 쉽게 그것을 갖는다. 그래서 그들은 분명히 나보다 행복하다.

물론 이는 거짓이고, 또한 위험하다. 사람은 언제나 좋은 것과 나쁜 것이 뒤섞여 있는 자기 자신의 삶을 다른 사람들의 삶과 비교하며, 그들의 삶을 "완벽한 삶"으로 잘못 생각하는 경향이 있다. 이런 식으로 우리는 우리 자신의 재능들과 은총들을 축소하면서, 다른 사람들의 것을 극대화한다. 역설적으로, 우리 자신의 어려운 문제들을 가지고 대개 그 정반대로 행동한다: 우리 자신의 문제들과 난제들을 극대화하고, 다른 이들의 문제들을 극소화 시키는 것이다. 다른 사람들은 우리보다 영리하고, 매력적이고, 인기 있고, 여유 있고, 육체적으로 더 강건하고, 즉 무엇이든지 더 낫고, 그러므로 그들은 매혹적인 삶(charmed life)을 영위하는 듯이 보인다. 마찬가지로, 다른 사람들은 그 혹은 그녀의 삶 속에서 전혀 심각한 문제들이 없으며, 혹은 그렇다고 우리는 추측한다. 아니면 그들이 문제들에 직면해 있음을 알 때조차, 우리는 이렇게 생각한다, "암튼 그들의 문제들은 내 문제만큼 나쁘지는 않아."

그러나 그 누구도 속설처럼 "매혹적인 삶"을 살아가지 못한다. 모든 이의 삶은 은총과 축복으로 가득 차 있을 뿐만 아니라 또한 투쟁들과 도전들로도 가득 차 있다. 만일 우리가 우리 자신의 복잡한 실재를 예컨대 다른 삶의 완전과 지속적으로 비교해 나갈 때, 우리가 우리 자신과는 다른 사람이 되기를 바라게 된다면 놀라운 일일까? 어느 사람과 함께든지 그들의 문제를 놓고 간단하게 대화를 나눠봐도, 우리는 이러한 실상을 확신하게 될 것이다.

긴 대화는 이를 보다 여실하게 드러내 준다. 사람들이 내게 영적인 상담을 위해 찾아올 때, 난 하나님이 다른 이들을 축복하는 방식뿐만 아니라, 사람의 삶이 개별적으로 얼마나 힘든지에 크게 놀라곤 한다. 모든 이들이 사랑받기 위해, 용납받기 위해 그리고 행복하기 위해 얼마나 분투해야 하는지 놀라울 정도이다. 얼마 전에 내가 정말 존경하는 사람이 나를 찾아 왔다. 그는 모든 것을 갖고 있는 듯이 보였다: 좋은 직장, 사랑스런 아내, 사랑스런 두 자녀들. 그러나 단 몇 분 그분과 말씀을 나눈 후, 그의 삶이 결코 쉽지 않다는 것을 분명하게 알 수 있었다. 그가 마음 속내를 털어 놓으면서, 나는 그의 삶이 내 자신의 삶보다 실상은 더 곤란한 삶이라 생각하게 되었는데, 그의 삶은 결코 내가 예상할 수 있는 범위의 삶이 아니었다.

그 무렵, 뉴욕시의 연극 회사에서 시간을 보낼 때, 그 회사는 브로드웨이 외곽 소극장가에서 상연할 연극을 준비하고 있었는데, 스티픈 애들러 가이기스(Stephen Adler Guirgis)가 쓴 『유다가 보낸 최후의 날들』(*The Last Days of Judas Iscariot*)이 연극 제목이었고, 예수와 유다의 관계를 검토해보는 연극이었다. 여기에 재능있고 성공적인 사람들 – 배우들, 감독들, 극작가들 – 의 집단이 있고, 사람들은 그들이 "매혹적인 삶"을 산다고 말할 것이다. 그들의 삶은 정말 여러모로 부유하고 풍성한 삶이었다. 동시에, 그들은 모든 사람들이 겪고 있는 동일한 것들을 붙들고 씨름하고 있고, 어려운 도전들에 직면해 있으며, 슬픔과 좌절을 견뎌내고 있었으며 분명코 자신들의 삶을 매혹적이거나 쉽거나 완벽한 것으로 생각하지 않았다. 그들은 열심히 일했다 (내가 생각하는 것보다 더 열심히 일했다—한 여배우는 아침과 오후에 텔레비전 쇼를 녹화하고 저녁에는 무대에 올랐다). 그들은 우리 모두가 직면하는 것과 동일한 영적인 가난을 대면해야 했다: 우리 자신의 인간적 한계들을 알게 됨으로 인한 가난과 같은 것을.

그것은 다른 사람의 상황을 이상적으로 만드는 것이 얼마나 잘못된 것인지를 예증하는 하나의 예였다. (언젠가, 한 배우는 내게 이렇게 말했다, "신부님은 행운이십니다. 지금 하고 계신 일로 인생을 이끌고 가시니 말입니다!") 다른 말로 표현하자면, 그 어느 누구도 고난으로부터 자유롭지 않다.

비교하려는 성향은 오늘날에도 여전히 영적 생활에 큰 덫이다. 만일 우리가 어떤 다른 사람이었다면—즉 보다 잘생기고, 보다 학력이 높고 보다 돈이 많은 사람이었다면—우리는 보다 행복했을 것이라고 생각하도록 문화의 거의 모든 것들이 우리를 유혹하는 때이기 때문이다. 우리가 해야 할 일은 우리 자신과는 다른 어떤 사람이 되는 것이라고 여기게 한다.

왜 이것이 그토록 치명적인 위험인가? 여러 가지 이유들이 있다. 첫째, 그것은 절망으로 이끌고 가기 때문이다. 다른 사람들의 삶을 인식하는 우리의 거짓된 방법들에 매여, 우리는 우리 자신의 삶을 모독하고, 따라서 우리 자신의 가치를 깎아 내린다. 그리고 언제나 다른 사람의 "공상"적 삶을 상상하는 것이 쉽기 때문에 우리는 우리 자신의 삶에 줄곧 불만족스러워 한다. 비교하려는 성향은 궁극적으로 절망으로 이끈다. 왜냐하면 우리 자신의 실재 삶은 다른 사람의 삶으로부터 (거짓되이) 인식된 완전과 결코 비교될 수 없기 때문이다. 그래서 우리는 영적인 막다른 골목으로 이끌린다. 이를 핵심적으로 표현하는 속담이 있다: “비교하라 그리고 절망하라.”

거짓된 비교의 성향은 건강에 해롭다. 왜냐하면 그것은 우리를 참 자아로부터 멀어지게 하여, 우리가 다른 어떤 사람, 즉 하나님이 창조하신 이가 아닌 다른 사람이 되도록 조장하는 까닭이다. 이는 우리가 선하고 경건한 사람들을 존경하고, 어떤 방식으로든 그들을 따라하기를 그만두라는 말이 아니다. 우리는 성인들의 삶을 읽고 생각할 것이다: 난 보다 인자하고, 보다 사랑이 넘치고, 보다 인내할 수 있다 등등. 그러나, 우리가 거룩해지기 위해 바로 그들이 되어야만 한다고 생각한다면, 우리는 하나님이 창조하신 인격을 부정하고 있는 것이다.

우리는 다른 사람들의 고통스런 운명을 보다 현실적으로 성찰하고, 그들의 고난에 동참함으로써 뿐만 아니라, 우리 자신의 삶 속에 있는 축복들을 성찰함으로서 이 영적인 감옥으로부터 자유할 수 있다. 다른 말로, 감사의 실천을 수행함으로서 말이다.

수사 수련 시절 이 성찰은 하나님이 내게 만들어 주신 길은 결국 그렇게 나쁘지 않았다는 것을 스스로 납득하는 일을 의미했다. 비록 나는 내가 존경했던 과묵하고 수줍어하는 유형이 아니었을지라도 공동체의 다른 사람들이 나를 보고 재미있었다고 말할 정도의 외향성과 유머감각을 갖고 있었다. 그리고 비록 아침 5시에 일어나 기도를 시작하지는 못했지만, 내 자신의 기도생활이 나름대로 풍성하다고 느낄 수 있었다.(부가적 이득으로서 나는 또한 늦게까지 잘 수도 있었다!) 하나님이 내 안에 놓아 두셨던 재주와 재능과 자연적 욕망이 다른 사람들에게 가치를 인정받고 그리고 내가 그 진가를 알고 있을 필요가 있다.

의도치 않게, 다른 수련 수사들이 나의 여행을 또한 독려했다. 조용하고 점잖은 품행 때문에 내가 칭송했던 그 수련 수사는 그해 연말 무렵 내게 말하기를, "제가 당신만큼 외향적이었으면 좋겠습니다!"

자기 - 용납(self-acceptance)으로 나아가는 길은 많은 이에게 몹시 고될 수 있다. 예를 들어, 인종적 소수집단에 속한 이들이나 지체가 부자유한 이들이나 고통스런 가족적 배경을 갖고 있는 이들은 비교하고픈 유혹을 압도적으로 느낄 수 있다. 그럼에도 불구하고, 그 여행은 영적 생활의 본질적인 부분이다. 예를 들어, 많은 게이 남성과 레즈비언들은 자신들의 영적 발전의 기본적인 부분은 자신들을 게이 남성과 여성으로 받아들이는 것이라고 말한다; 즉, 이것이 하나님이 그들을 만드신 방식이다. 이렇게 자신들을 받아들이게 되면서, 그리고 보다 중요하게는 하나님이 그들을, 그들이 바라는 다른 모습이나 사회가 그들에게 바라는 모습으로가 아니라, 그들 그대로의 모습으로 사랑하시기를 용납하는 것은 하나님과의 관계에서 중요한 발걸음이다.

하나님은 우리 그대로의 모습으로 우리를 사랑하신다. 왜냐하면 우리는 하나님이 우리를 만드신 바대로 존재하기 때문이다. "나를 지으심이 신묘막측하심이라"고 시편139편 저자는 말한다 (개역한글판). 내 생각에 이것이 시편기자가 의도하려 했던 것이다.

참 자아 개념은 실천적인 면에서, 특별히 사역과 연관해서, 나에게 또한 도움을 주었다.

예를 들어, 예수회 수사 수련의 중요 부분은 "목회사역" 환경 속에서 주당 15시간 일하는 것을 포함한다. 이 일의 대부분은 그 지역의 가난한 자들과 함께 있는 것이고, 그래서 가난한 자들의 요구뿐만 아니라 그들과 함께 그리고 그들을 따라 일함으로부터 오는 은혜를 이해하는 것이다. 우리는 이 사역들을 우리의 "사도직"(apostolates)이라 부른다(예수님의 제자들이 감당했을 류의 일이라는 의미에서). 내 여동생에게 그 단어를 사용했더니, 그녀 왈, "파스-딸리?[1] 그거 이탈리아 식당의 음식 종류야, 아니면?"

수련자로서 첫 번째 가을을 맞이했을 때, 나는 여전히 참 자아 개념과 씨름하던 중이었고, 메사츄세츠 주의 캠브리지[2]에 있는 큰 병원에서 일하도록 배정되었는데, 수사 수련지로부터 지하철로 한 시간 가량 떨어진 곳이다. 회색 수녀회(the Grey Nuns)가 운영하는 그 병원은 위중한 환자들을 돌보고 있었는데, 그들 중 많은 이들이 다발성 경화증, 암, 에이즈, 치명적인 머리 부상의 후유증 등으로 고생하고 있었다.

거기서 일한다는 것에 나는 겁이 났다. 심지어 병원에 있는 누군가를 방문하는 것조차 싫어하던 내가 거기서 일하는 것은 거의 상상할 수조차 없었다. 아이러니하게도, 바로 이 두려움이 나를 보내기로 한 수련 사제 감독관의 결정을 확정시켜 버렸다. 에이게레 콘트라(agere contra)라 불리는 예수회의 오랜 관습이 있는데, 이는 본질적으로 "거슬러 행동하기"를 의미한다. 만일 자유하지 못한 우리의 부분이 있다면, 우리는 그 영역에서 발생되는

1) 역자 – '사도직'의 발음이 "어포스토래이트"인데, 여동생이 그 단어를 몰라, 다른 단어로 알아들었다는 이야기

2) 역자 – 미국 동부의 보스턴과 인접한 도시이지만, 매트로 보스턴 지역 안에 속해있는 곳으로서, 하버드 대학이 자리잡고 있는 곳으로 유명하다.

저항으로부터 우리 자신을 자유롭게 하기 위해 그 부분에 "거슬러서 행동하도록" 노력해야 한다. 예를 들어, 수련 수사가 노숙자들과 함께 일하는데 두려움을 갖고 있다면, 그는 바로 그 일을 하도록 요청 받을 수 있는데, 그럼으로써 예상치 못했던 자리에서 하나님을 찾는 경험으로 그를 초대하여, 그가 지닌 두려움을 극복하도록 하기 위함이다. 이 모든 것은 자유와 사랑 안에서 성장하는 길이다. 그렇기에 그 수련 수사 감독관이 내가 본능적으로 병원을 싫어한다는 것을 듣고, 내 두려움과 공포심으로부터 내가 자유로워질 필요가 있지 않을까하고 물었다.

이상의 예는 하나의 여담이지만, 우리가 참 자아가 되어가기를 탐색하는 중에 주의 깊게 듣는 것과 분별력의 필요성을 지적해준다. 위의 사례에서, 나는 병원에서 일하기를 원치 않기 때문에 이것이 바로 하나님이 나를 만드신 방식이고 그렇기에 그것을 그냥 받아들여야만 한다고 누군가 논증할는지도 모른다. (즉 내 참 자아는 단지 병원 일에 관심이 없었다고 누군가 말할는지도 모른다.) 그러나 이 저항이 실재로는 부자유함(unfreedom), 즉 내가 사랑스런 사람으로 성장하는 것을 가로막고 있는 어떤 것이라는 사실을 내 수련 감독자는 지혜롭게 간파하고 있었다.

그렇다면 어떤 것이 우리 참 자아의 본질적인 부분이고, 어떤 것이 싸움을 걸어야 할 필요가 있는 부자유의 부분인지를 알 수 있는가? 예리한 질문이다. 기본적으로, 물음을 던져야 만 한다, "내 자신의 이 부분이 보다 사랑스럽고 보다 인자하게 되는 것을 가로막고 있는가? 이 부분이 하나님과 다른 사람에게 보다 가까이 다가가는 것을 가로막고 있는 것은 아닌가?" 만일 이 물음에 '예'라는 대답이 나온다면, 아마도 보다 사랑스럽고 보다 인자한 사람이 되지 못하도록 당신을 가로막고 있는 것이 그 무엇이든지, 그로부터 어떻게 멀어질 것인지를 고민할 때일 것 같다.

그럼에도 불구하고, 말했듯이, 나는 겁이 났다.

다행히 난 거기서 수년간 환자들을 위한 사역을 하면서, 불안해하는 예수회 수련 수사를 인도했던 풍성한 경험을 갖고 있는, 잘 훈련된 목양 팀을 따라 일하게 되었다.

처음에는 극심한 고통을 겪고 있는 환자들에게 무엇을 말해야 할지도 거의 알지 못했다. 리타(Rita)라는 이름의 한 여인은 20년 동안 병원에서 지냈다. '기억하게,' 한 목양 사역자가 내게 말했다, '그녀의 병실을 들어가는 것은 그녀의 집을 들어가는 것과 같다네.' 진(Gene)이라는 이름의 또 다른 청년은 수년전 오토바이 사고로 얻은 치명적인 머리 부상 때문에 고통을 겪어 왔는데, 그의 휠체어 팔걸이에 부착되어 있는 쟁반을 사용해서 아주 힘들게 의사소통을 할 수 있었다. 그 청년이 무언가 이야기하고 싶을 때면, 그는 쟁반에 붙여진 작은 문자들을 가리키면서, 수고스럽게 문장을 한자 한자 만들어야 했다.

이러한 상황들 속에서 나는 무엇을 하고 혹은 무엇을 말해야 하는지 아무 생각이 없었다. 며칠이 지나자, 나는 불안으로 혀가 얼어붙고, 회의로 거의 마비되어가는 내 자신을 느낄 수 있었다. 무엇을 말해야 옳을까? 내가 혹시 잘못 말하면 어떡하지? 내가 말한 것이 그들을 슬프게 하거나, 혹은 더 나쁘게, 나에게 화를 내면 어떡하지? 병원에서 일하기로 예정된 날들이 두려워지기 시작했다.

초기엔 "경험 많은 병원 사제"가 할법한 일을 상상하려고 노력했다. 그래서 내 생각에 그들에게 도움이 될 것이라 여겨지는

"진지한" 대화들 식으로 환자들과 교분을 쌓아갔다. 예를 들어, 경험 많은 원목은 리타와 그녀의 상태에 관해 토론할 것이라고 나는 생각했다. 나는 그녀에게 그녀의 육체적 질병에 관하여, 그녀가 어떻게 느끼고 있는지에 관하여, 그리고 그녀가 느끼고 있는 것에 관하여 자신은 어떻게 느끼고 있는지에 관하여 등등을 물었다. 나의 집요한 물음들에도 불구하고, 리타가 말하고 싶어 하는 것은 모두 그녀의 오빠에 대한 것이였는데, 그는 예수회 신부였다. 그러나 경험 있는 병원 사제라면 그러한 한가하고 소소한 이야기에 말려들지 않을 것이라고 나는 생각했다. 그래서 나는 내 진지한 물음들에 대답하도록 그녀를 자꾸 다시 유도해 가려고 노력했다.

어느 날 난 이 이야기를 목양팀 사역자들 중 하나였던 어니(Ernie)에게 고백했다. 그는 잠시 생각에 잠겼다. "리타가 당신에게 마음을 열기 바라는 것은 좋은 일이고, 아마 언젠가 그녀도 그럴 걸세. 그런데 한번 당신 자신이 되도록 노력해보는 건 어떨까?"

그것은 아주 훌륭한 충고였다. 난 "경험 많은 병원 사제"인척 하려고 노력하고 근심하기를 멈추고, 아마도 하나님은 이유가 있기 때문에 나를 거기에 배치하셨을 것이라고 생각하기 시작했다: 다시금, 도덕적 이상으로서의 내 모습이 아니라 그저 나 자신 말이다.

그래서 다음 번 방문 때 리타는 그녀의 오빠, 그 사제에 관하여 이야기하기 시작했고, 나는 바로 끼어들어, 누구에게나 물을 법한 것들을 물었다: 오빠는 어떻게 생겼어요? 오빠는 어디서 일해요? 예수회 신부가 된지는 얼마나 됐어요? 그가 수련 수사로 입문했을 때, 당신은 어떤 느낌이었나요? 비록 그녀의 상태나 그녀가 어떻게 느끼고 있는지 혹은 그같은 어떤 것도 리타는 언급하지 않았지만, 우린 여유로운 대화를 나눴다. 그리고 대화가 끝나갈 무렵, 리타는 말했다, "내일 또 오시지요?"

그 다음 몇 주가 지나면서 리타는 그녀의 삶을 보다 나누기 시작했고, 마침내 그녀의 상태에 관하여 그리고 그녀가 어떻게 느끼고 있는지에 관하여 말했다. 그 후 우리의 관계는 깊어갔다.

아마도 리타는 "경험 많은 병원 사제"에 익숙해 있을지 모르지만, 결국 그녀와 거기에 함께 있는 것은 결국 나라는 사실을 인식하는데 그 일은 많은 도움을 주었다. 하나님이 그녀의 침대 곁에 나를 두셨고, 그리고 바로 내가 하나님이, 어떠한 이유로, 거기에 있기를 원하는 사람이었다. 그래서 내 자신이 되는 것이 나았다. 이는 우리가 일을－병원 사제처럼 부담스런 일－제대로 준비하지 말아야 한다는 말이 아니라, 우리가 만나는 모든 사람 앞에서 자기 자신의 진정한 자아가 되어야 하는 중요성을 간과해서는 안 된다는 것을 의미한다.

이를 다른 각도에서 이야기 해보려 한다. 이 이야기는 심지어 우리가 무가치하다고 여기는 우리의 부분들조차 하나님이 어떻게 최고로 활용하시는 지를 보여주는 이야기가 될 것이라 생각한다.

수련 수사로 입문할 때, 나는 나의 사업 경험을 두 번 다시 사용할 수 없을 것이라고 생각했다. 내 친구들 대다수도 동일한 한탄을 했다: 와튼(Wharton)에서 배운 모든 것과 기업 세계에서 일한 6년이 헛되이 버려진다! 그래서 예수회에 입문했다는 것에 행복하긴 했지만, 최근 10년 간의 내 삶이 전반적으로 무익했었는가 생각하며 의아해 했다. 내 자신의 그 부분 — 즉 사업수완을 발휘하는 부분 — 은 그토록 오랜 시간 동안 원하던 것이었건만 이제 원치 않는 부분이 된 것이다. 그것은 수년간의 공부와 일을 상당히 허비하는 것처럼 보였다. 마치 삶의 와중에 엄청난 실수를 저지른 듯이, 나는 어리석다는 느낌을 갖기 시작했고, 그래서 왜 좀 더 일찍 예수회에 입문하지 않았는지 의아했다.

수사 수련 기간 이후 몇 년이 지나 나는 케냐 나이로비의 예수회 난민 구호단과 함께 일하도록 배치되었다. 거기의 예수회 신부들은 기근과 전쟁을 피해 동 아프리카 도처로부터 — 르완다, 수단, 에티오피아, 우간다 그리고 소말리아로부터 — 케냐로 이주한 난민들을 돕고 있었다. 그들 모두는 제멋대로 뻗어 나간 도시 빈민가들 속에 살고 있었고, 그들 모두는 아주 가난했다.

그러나 내가 거기에 당도했을 때, 내 할 일이 무엇이 될 것인지가 분명하지 않았다. 예수회 난민 구호단은 나이로비에 살고 있는 난민들을 위해 몇 가지 프로그램들을 운영하고 있었다. "구-봉사 프로그램"이 있었는데, 도시의 구들이 관할 구역 내에 정착한 엄청난 수의 난민들을 돌볼 수 있도록 돕는 프로그램이었다. 또한 구호단은 "의료진 프로그램"을 운영하고 있었는데, 난민들이 그들 자신과 가족들을 위해 필요로 하는 의료 처방을 받을 수 있도록 하는 프로그램이다. 그리고 또한 대규모 장학금 프로그램이 있었는데, 당시 케냐 공립학교들이 요구하던 터무니없이 비싼 "학교 수업료"를 감당할 기금을 난민 가족들에게 제공하는 프로그램이었다. (핑계 김에 언급하지만, 이 프로그램들은 단지 가톨릭 신자인 난민들에게만 제공되었던 것이 아니라, 모든 난민들에게 제공되었다.)

결국 나는 루이제 수녀라는 원기 왕성한 독일인 수녀가 운영하는 장학금 프로그램에서 동역하도록 배당되었다. 그러나 내가 거기 간 첫날, 루이제 수녀는 장학금 프로그램의 관리를 도와줄 네 명의 수단 난민들을 이미 고용했다고 인정했다. 그녀는 한 명의 회계사와 두 명의 사회복지 사업원 그리고 심지어 운전사까지 데리고 있었다.

"그래서 보시면 아시겠지만," 어깨를 으쓱하며 그녀는 말하기를, "당신이 여기서 할 수 있는 일이 무엇인지 확신하지 못하겠습니다."

비록 그녀에게 말하지는 않았지만, 나는 분개했다. 할 일이 아무것도 없다는 소리나 들으려고 수천 마일을 여행해서 여기 왔나? 그러나 내 영적 지도자와 오랜 대화를 나누고 난후, 하나님이 내게 무엇을 제시해 주실 지를 기다려 보기로 결정했다.

그 다음 몇 개월이 흐르는 동안, 나는 "수입-창출 활동들"이라 불리는 예수회가 운영하는 또 다른 프로그램에 연루되었다. 이 프로그램은 난민들이 가족의 생계를 지탱할 수 있도록 돕는 방법으로서 그들 자신의 자그마한 사업을 시작할 수 있도록 재정보조금을 제공했다. 내가 나이로비에 도착했을 당시, 이 작은 사업들이 여럿 운영되고 있었다. 우간다 여성들로 이루어진 한 모임은 작은 재봉 협동조합을 조직하여, 밝은 색의 납염된 셔츠와 옷들을 생산했다. 르완다 여인들은 도시의 다소 악명 높은 빈민가들 중 하나에서 작은 빵집을 운영하고 있었다. 두 명의 에디오피아 출신 형제들은 작은 레스토랑을 운영하였는데, 나무 탁자 몇 개와 임시변통의 간이의자들로 구성하였다.

이 수입-창출 프로그램은 우타(Uta)라는 이름의 오스트리아 평신도 여성이 운영을 맡고 있었는데, 그녀는 예전에 남동 아시아 지역에서 비슷한 프로그램을 운영하면서 예수회 난민 구호단과 일했던 경험이 있었다. 루이제 수녀가 내가 할 수 있는 일을 거의 주지 않았기 때문에 나는 우타와 보다 많은 시간을 소비하기 시작했는데, 우타는 나이로비에서 계속 성장하고 있는 작은 사업들을 도울 수 있다면 어떤 도움도 기꺼이 감당하였다.

난 그 일을 무척 즐겼다. 우타와 나는 빈민가들 주변을 돌아다니면서, 각 사업지들을 방문하며, 그들의 일을 검토하고, 조언을 제공하고, 일이 잘 안돌아 갈 땐 그들에게 용기를 불어 넣어주고, 일이 잘될 땐 그들과 더불어 축하했다. 그 프로젝트들의 엄청난 다양성이 나를 매료시켰다: 재봉 협동조합 이외에 우리는 바구니-제작자들로, 목수들로, 퀼트-제작자들로, 목각사들로 그리고 제본업자들로 일하며 함께 하는 난민들을 후원했다. 우리는 심지어 작은 나무 판잣집에서 기거하며 일하는 조그마한 닭 사육장을 후원하기도 했다. (방문할 때마다, 닭의 다양한 질병들을 치료하는 방법들에 관하여 질문들이 우리에게 쏟아지곤 했다.)

몇 달 만에 우타와 나는 나이로비 주위를 둘러보며 사무실과 난민들이 제작한 다양한 수제품들을 전시할 수 있는 진열실로 함께 사용할 수 있는 방을 찾아보았다. 우리는 거대한 빈민가 외곽에 예수회가 활동하는 구의 지역에서 한 장소를 금방 찾았다. 내가 나이로비에 도착한 후 일 년이 지나자, 우리는 "미코노 센터"를 열었다 (스와힐리 말로 '손들(hands)'이라는 의미의 단어를 따왔다). 그 지역에서 일하고 있는 많은 가톨릭 사제들과 형제들과 자매들, 미국와 유럽에서 추방되어 쫓겨 온 사람들, 국제 외교

단체들 그리고 우리가 알고 있는 부유한 케냐 사람들 사이에서, 그 가게는 눈부시게 사업을 벌였고, 난민들은 자신들의 수제품을 사기 위해 값을 지불하는 고객들을 보고 기뻐하였다.

나를 놀라게 한 것은 내가 나의 사업 경험을 지속적으로 되살리고 있음을 보게 된 것이다. 물론 미코노 센터는 장부와 회계를 준비해야만 했고, 우리는 그 도시 구석구석까지 어느 정도의 마켓팅을 할 필요가 있었다. 그러나 우리는 또한 회계, 마케팅, 경영에 대한 것을 난민들 자신에게 가르쳐야 했으며, 또 투자, 은행 계좌 열기, 상품의 온당한 가격을 결정하기, 재료공급자들과 거래하기 등과 같은 것들의 필요성을 가르쳐 주어야 했다.

몇 달 간격으로 나는 난민들을 위한 "비즈니스 세미나"를 열어, 소규모 사업을 운영하는 방법의 기본적인 것들을 개략적으로 알려주었다. 예를 들어, 한 가지 중요한 가르침은 자신들의 상품 가격을 매기는 것인데, 이는 재료구입을 위해 지불한 것과 그에 더하여 인건비로 지불되어야 할 것을 최소한 포함해야 한다는 것이다. 한번은 세미나가 끝나고, 르완다 출신의 제빵업자들은 지역 예수회 공동체와 미코노 센터 직원들에게 공급하고 있던 빵의 가격을 인상하였다.

빵 한 덩어리의 가격은 4실링에서 5실링으로 뛰어올랐다. 왜 가격이 올랐느냐고 묻자, 협동조합장이 말하기를, "우린 당신이 말한 것을 충실히 따랐을 뿐입니다!"

내가 영원히 뒤에 버렸다고 생각했던 재능들 — 즉 나의 사업 기술들 — 은 내가 나이로비에서 일할 때 결국 상당한 도움이 되었다. 게다가 그 재능들은 피난민들에게도 막대한 도움이 되었다. 사실상, 제너럴 일렉트릭에서 일할 때보다 더 넓고 다양하게 나의 사업 기술들을 사용하게 되었다.

다시금, 하나님은 우리 자신들의 모든 부분들을 – 심지어 우리가 소용없다고 생각하는 부분들까지도 – 선을 위해 사용하실 수 있으시다는 사실을 나는 깨달았다. 잠언이 말하듯, 하나님은 굽은 선들을 가지고 똑바로 쓰신다.

이 각각의 상황들 속에서 나는 내가 거기 보내져야만 했던 바대로 여겨지는 사람이 되도록 혹은 더 나은 일을 할 것이라고 생각되는 사람이 되도록 부름 받은 것이 아니라, 그저 내 자신이 되도록 즉 내 진정한 자아가 되도록 부름 받았다. 내가 예수회 신부로서 살아가는 동안 내내, 병원에서 일하든, 노숙자들을 위한 쉼터에서 일하든, 감옥에서든 혹은 난민 캠프에서든 간에 나는 "테레사 수녀라면 무엇을 했을까?" 혹은 "아시시의 프란시스라면 무엇을 했을까?"라는 물음들을 내 자신에게 물을 필요가 없음을 알게 되었다.

나는 내 자신의 모든 것을 이 일들 각각에 적용하여 사용하고자 노력했다: 내 모든 재능들과 기술들과 은혜들, 뿐만 아니라 나의 고민거리들과 한계들과 실패들도 말이다. 나는 이 모든 것들을 가져왔다. 왜냐하면 그게 바로 하나님이 그곳으로 불러온 사람이기 때문이다.

전체적으로, 토마스 머튼의 참 자아에 대한 생각, 즉 하나님 앞에 서있는 사람이라는 생각은 하나님이 모든 상황 속에서 우리들 각자를 어떻게 부르시는지를 점차 볼 수 있도록 해주었다: 이보다 더 하지도, 그리고 보다 중요하게, 그보다 덜 하지도 않는다.

제5장

참 자아의 기록

토마스 머튼의 저작들은 예수회 풋내기 사제였던 나에게 엄청난 도움이었다. 그러나 내 인생의 그 시기에 도움을 주었던 또 한 사람이 있는데, 수련 수사로 입문한 직후 만나게 됐던 사람이다: 헨리 나우웬(Henri Nouwen).

헨리 나우웬의 저작들 중 많은 책들이 우리 수련 수사 도서관의 삐꺼덕 거리는 나무 선반들 위에 놓여 있었다. 어느 비오는 토요일 오후, 우리의 한주 일상인 대청소 과제를 마친 후에, 헨리 나우웬이 쓴 『제네시 일기: 트라피스트 수도원 보고서』(*The Genesee Diary: Report from a Trappist Monastry*)라는 책을 우연히 끄집어 내리게 되었다. 나우웬에 대하여 결코 들어본 적이 없던 나는 그 책을 읽어보기로 했다. 아주 원초적으로 그 책 표지에 있는 수도원 사진이 좋았기 때문이다. 하지만 이 단순한 끌림이 거의 머튼 만큼이나 나에게 참 자아를 이해하는데 도움을 준 사람을 소개받는 계기가 되었다.

우리는 사람들이 그들의 삶을 통하여 진정한 자신들이 되어 갔는지를 생각할 수 있다. 이런 맥락에서 현대 영성의 거장들 중 하나인 헨리 나우웬의 매우 간결한 전기를 제시하는 것이 아마도 적절할 것이라 생각한다. 1996년 사망하기 전까지, 나우웬은 영적 생활에 관한 40권 이상의 책들을 저술하였는데, 그 책들은 22개 언어들로 이미 번역되었다.

(게세마니 수도원에서 한번 만났던) 토마스 머튼처럼, 헨리 나우웬은 최고로 재능있는 사람이었고, 사랑이 풍성한 사제였으며, 천재적인 작가였고, 그리고 분명코 영적 스승이었다. 그러나 또한 머튼처럼 나우웬은 불안정한 사람이어서, 언제나 세계 속에서 자신의 자리 찾기를 모색하였다. 한 친구는 언젠가 나에게 퉁명스럽게 말하기를, "난 헨리를 사랑했지만, 그러나 그는 아마도 내가 만난 인물들 중 가장 불쌍한 사람이었을 거야." 여러모로, 나우웬의 이야기는 자신의 참 자아를 찾기 위해 그의 모든 삶을 던져 분투했던 선한 사람의 이야기이다.

나우웬은 1932년 네덜란드에서 태어났고, 거의 6세 무렵부터 사제가 되고픈 욕망을 느꼈다고 한다; 한번은 그의 할머니가 의복 세트를 만들고, 작은 제단을 꾸며주어, 나우웬이 미사를 "거행할" 수 있게 해주셨다. 비록 예수회 학교에서 교육받았지만, 나우웬은 예수회 신부가 되지 않기로 결심했다. 왜냐하면 그 길은 너무나 많은 공부를 요구할 것이라고 생각했기 때문이었다. 그 대신 그는 교구 신학교에 들어가서, 1957년 위트레흐트 교구에서 서품 받았다.

25살의 이른 나이에 받은 그의 서품은 소명과 관련된 모든 물음들에 대한 답이 되면서, 안정적이고 분명한 삶의 약속을 지속시키는 듯 했다. 그러나 그 목표는 나우웬에게 성취하기 어려운 것으로 판명되었다. 자신의 참 자아를 찾는 일은 평생에 걸친 고단한 여행이었지만, 동시에 그의 가장 영향력 있는 저술들의 기초가 되었다.

상담 목회(pastoral ministry)에 대한 관심 때문에, 나우웬은 서품 직후 심리학을 공부할 수 있도록 주교에게 허락을 받았다. 그는 네이메헨 대학(the Universit of Nijmegen)에 등록하고, 거기서 6년을 수학하였다. 그러나 최선의 노력에도 불구하고, 그는 박사 학위를 끝내지 못했고, 그 대신 1964년 박사과정자격(doctorandus) 학위를 받았는데, 심리학에서 일종의 전문직 자격증이라 할 수 있다. 이후 나우웬은 종교와 정신 병리학 프로그램을 운영하는 캔사스 토피카(Topeka)의 유명한 메닝어 병원(Menninger Clinic)에서 2년간 일하였다. 거기서 그는 임상적 목회상담 교육과 연구 그리고 저술 활동을 했다. 그 무렵, 나우웬은 보다 넓은 정치 세계에 관심을 갖게 되었고, 마틴 루터 킹(Martin Luther King, Jr.)을 따라 앨러배마의 셀마에서 몽고메리까지 이어지는 위대한 시민권 쟁취를 위한 행진에 동참하기도 하였다.

1966년 헨리는 노틀 담 대학에서 가르치도록 초청받았고, 거기서 새롭게 신설된 심리학과를 발전시키고, 뿐만 아니라 목회상담 신학 분야의 과목들을 개설하는데 기여하면서 2년을 보냈다. 바로 이 노틀 담에서 그는 작가로서의 이력(career)을 본격적으로 시작하였다. 이후 신학 공부를 위해 네덜란드, 즉 네이메헨 대학으로 돌아왔다. 학위논문을 쓰라는 학위요건에 다시 주저하면서, 나우웬은 또 하나의 박사과정자격 학위를 받는데 그치고 말았는데, 그것은 그에게 또 한번의 실망이었다. 그러나 이러한 개인적 실패가 그의 전문직 이력의 상승을 전혀 방해하지 못했다. 그 다음 10년 간, 1971년부터 1981년까지 그는 예일 대학 신학부에서 가르쳤고, 거기서 그는 가장 인기 있는 교수들 중 한명이었다.

명실상부한 개신교 신학교에서 가르친다는 것은 곧 나우웬이 에큐메니컬(교회연합적)한 태도를 수용할 기회를 제공하였는데, 이것이 결국 그로 하여금 가톨릭보다 넓은 범위의 청중들에게로 나아갈 수 있도록 해주었다. 마이클 오로린(Michael O'Laughlin)이 전기서 『하나님의 사랑하는 자: 헨리 나우웬의 영적 전기서』(*God's Beloved: A Spiritual Biography of Henri Nouwen*)에서 적듯이: "예일은 개신교 학교였기 때문에 헨리는 가톨릭의 에큐메니컬한 태도를 새로운 수준으로 발전시킬 수 있었을 뿐만 아니라 사실상 강요받았다. 그에게 목회에 관한 질문을 던지는 사람들의 대부분이 비가톨릭이었다."

예일에 있는 동안 나우웬은 몇몇 책들을 저술하였는데, 『상처받은 치유자』(*The Wounded Healer*)가 그 중 하나이다. 이 책은 영적 생활에 대한 풍성한 통찰 때문만이 아니라, 작가 개인의 갈등들에 대한 허심탄회한 고백들 때문에 주목받았다. 그는 또한 명상 기도(contemplative prayer)에 더 깊이 있게 몰두해서, 1974년 『

제네시 일기』를 출판하였는데, 이 책은 뉴욕 주 피파아드의 제네시 성모 수도원(the Abbey of Our Lady of the Genesee)의 트라피스트 수도사들과 보낸 일곱 달의 경험에 대한 기술이다. 제네시에서 지내는 동안, 나우웬은 가르침과 저술과 상담으로 더욱 더 바빠지고 스트레스가 가중되던 삶의 일부를 내려놓기를 하나님이 자신에게 묻고 계시는 것은 아닌지에 대해 숙고하기 시작했다. 그는 갈라진 두 방향으로 동시에 끌려가는 자신을 발견한다: 신나지만 정신없이 바쁜 학문의 공적 삶과 평화롭지만 (그에겐) 외로운 수도사의 삶. 트라피스트 수도사들과 시간을 보낸 후 그는 예일 대학의 자리로 돌아가기로 결심한다.

이후 수년간 나우웬은 라틴아메리카의 정치적 상황에 점차 관심을 갖게 되었다. 1981년 그는 예일을 떠나 페루에서 6개월 간 지내게 되었는데, 여생을 남 아메리카에서 보낼 것인지 아니면 가톨릭의 가장 거대한 선교회들 중 하나인 메리놀 사제단(the MaryKnoll Fathers)에 참여할 것인지를 답을 구하기 위해서였다. 이 시기가 자신의 소명에 대한 가장 치열한 내적 투쟁의 시기였다는 것을 상상하기란 어렵지 않다. 세계 속에서 자신의 자리를 이해하려는 노력을 더욱 더 경주하던 시기였기 때문이다. 결국, 나우웬은 자신의 학문적 이력으로 복귀하기로 결단하였다. 그럼에도 불구하고, 이 시기는 영적 삶 속에서 사회 정의의 자리를 보다 깊이 있게 이해하도록 이끌어간 시기였다. 이 시기의 일기를 책으로 출판했는데, 그 제목이 『은혜』(*¡Gracias!*)였다.

1983년 그는 하버드 대학 신학부에서 파트타임 교수직을 제의받고 수락했는데, 라틴 아메리카로의 여행과 북미 지역을 돌아다니는 강연 일정을 짜기에 가능한 시간표를 만들기 위해서였다.

비록 하버드 대학에서 그의 명성과 인기는 높아지고 커져갔지만, 그럼에도 불구하고 그는 어떤 것을 부인할 수 없었다: 그는 불행(unhappy)했다. 자신의 책 『예수의 이름으로』에서 적기를: "사제로 25년을 보낸 후, 난 기도가 부족하고, 다른 이들과 어떤 면에서 고립되어 살면서, 급박한 사안들에만 사로잡혀 있는 내 자신을 발견한다.... 어느 날 아침 일어나, 내가 아주 어두운 자리에 살고 있음을 깨달았는데, '소진'(burnout)이란 용어는 영적인 죽음에 적절한 심리학적 번역이다."

이 "소진"에 대한 응답으로 나우웬은 1985년 프랑스 트로슬리에 있는 라르슈 공동체(L'Arche community)에서 함께 살자는 초청을 받아들였다. 카리스마 넘치는 프랑스 사람 장 바니에(Jean Vanier)가 설립한 라르슈는 (언약궤 혹은 방주를 의미하는 영어 단어 ark의 프랑스어에 해당한다) 육체적 그리고 정신적 장애를 안고 있는 사람들을 환대하는 작은 공동체들로 구성된 국제기구이다. 바니에는 나우웬에게 이렇게 말했다, "아마도 우리들이 당신에게 집을 제공할 수 있을 것 같습니다."

트로슬리에서 일 년을 보낸 후, 헨리는 캐나다 토론토 근처에 위치한 라르슈 공동체의 담임 사제로 봉직하라는 초청을 수락했다. 여기서 헨리는 그의 남은 여생을 보냈다; 그는 마침내 자신이 집을 찾았다고 느꼈다.

지체부자유자들은 나우웬에게 미래를 염려하거나 과거를 후회함 없이 현재 순간에서 하나님을 경험하는 것의 가치를 가르쳐 주었는데, 이는 이전에 그 어느 누구도 그에게 해주지 못했던 것이다. "심각한 정신적 부자유함을 갖고 있는 이 사람들보다 그 누가 우리에게 이 해방하는 진리를 더 잘 가르쳐 줄 수 있는가?”라고 나우웬은 자신의 책 『생명의 신호들』(*Lifesigns*)에서 적고 있다. “그들은 신문을 읽지 않고, 텔레비전을 보거나 미래에 일어날 재해들의 가능성을 토론하지도 않는다. 그들은 미래에 거주하지 않는다. 대신 그들은 말한다, ‘나를 먹여주세요, 나를 옷입혀 주세요, 나를 만져 주세요, 나를 잡아 주세요 .... 뽀뽀해 주세요, 나와 이야기해 주세요. 지금 여기 함께(here together now) 있는 것은 좋은 일이다.”

라르슈에서 담임 사제로서의 일 이외에, 초기 나우웬의 시간 대부분은 애덤 아넷(Adam Arnett)이라는 이름의 청년을 돌보는 일에 소요되었는데, 그 청년은 단순한 아침 일상을 도와줄 손길을 필요로 했다. 나우웬에게 이런 류의 일은 순회강연을 다니는 사제의 바쁜 삶과는 정 반대의 일이었다. 이 경험은 그가 쓴 가장 감동적인 책들 중 하나인 『아담: 하나님이 사랑하는 자』(*Adam: God's Beloved*)의 토대가 되었다. 또 다른 인기 저작인 『탕자의 귀환』(*The Return of the Prodigal Son*)은 용서와 화해에 대한 명상집인데, 마찬가지로 라르슈에서 지내는 동안 쓰여졌다.

라르슈에서의 사목을 통해 새 힘을 얻은 나우웬은 강연하고 저술하는 바쁜 삶을 계속하였다. 그렇지만, 그는 강연할 때마다, 자신의 공동체에서 섬기던 장애우를 동반하여 다녔다. 여전히 라르슈에서의 시간도 그의 모든 영적 정서적 문제들을 해결해 주지는 못했다. “심지어 라르슈에 들어간 이후에도, 그는 여전히 불안하고 불안정했고, 이따금은 심지어 통제할 수조차 없었다”고 마이클 오로린은 적고 있다. 토론토에 있는 동안 그는 또한 또 다른 사람 즉 라르슈의 보조사제와 강렬한 우정을 맺기 시작했는데, 나우웬은 심각한 관계(infatuation)로 빠져들어 갔다. 그 우정

관계는 결국 깨졌고, 이것이 나우웬에게는 깊은 고통의 근원이 되었다. 이 혼란으로 인한 상처를 해소할 시간을 갖기 위해 나우웬은 라르슈를 떠났고, 그리고 결국 다시 돌아올 수 있었다. (후일 이 우정관계는 복원되었다.) 1996년 램브란트의 그림 '탕자'에 관한 다큐멘터리 영화를 찍느라 러시아로 향하던 길에 나우웬은 네덜란드에서 심장마비에 걸리고 말았다. 그리고 1996년 9월21일 향년 64세의 나이로 그는 사망하였고, 그의 집 근처에 매장되었다: 토론토의 라르슈 공동체.

그 이래로 헨리 나우웬의 꽤 많은 책들을 읽었지만, 난 항상 『제네시 일기』로 되돌아가곤 했다. 그 책이 내 영적 여행 초기에 나의 영혼에 각인되었기 때문이리라. 그 책은 아주 단순한 책이다: 1974년 뉴욕 주 서부 제네시의 트라피스트 수도원에서 7개월 간 보낸 작가의 생활을 솔직담백하게 기술한 일기이다. 이미 언급했듯, 나우웬은 기도하며 자신의 소모적인 삶의 상태를 재충전할 기회를 찾아 수도원에 갔었다. 우리들처럼, 나우웬도 자신의 삶이 하나님과 진정한 교제를 갖기에 너무 바쁘다고 느끼고 있었다. 예일에서 감당해야 하는 수업들, 강연들 그리고 집필 계획들 등은 나우웬이 보다 명상적인 삶을 이끌어 나가지 못하도록 하고 있었다. 왜냐하면 그는 각각의 새로운 과제들이 가져다주는 (사람들의) 이목과 자신감을 열망하고 있었기 때문이다. 그래서 그는 제네시로 갔다.

『제네시 일기』는 아름답게 쓰여진 책으로서, 이 책이 필자에게 호소력을 갖고 있는 주된 이유는 바로 수도원 생활에 대한 청명한 기술 때문이다. 나우웬은 단순한 육체 노동과 (그의 시간 대부분은 강바닥으로부터 새로 짓는 예배당을 위해 돌들을 지정된 자리로 옮기는 일로 채워졌다) 트라피스트 공동체의 특이하고 별난 일들(그는 자신과 더불어 살고 있는 수도사들에 대하여 정직하게 그리고 애정 어린 눈길로 말한다) 그리고 하나님이 그 명상자들에게 말씀하시는 놀라운 방식들 속에 담겨진 기쁨들을 기술했다. 필자가 좋아하는 구절들이 있는데, 그중 한 구절에서 나우웬은 자연세계를 명상하면서 머튼이 기술해 주는 것과 거의 같은 종류의 기쁨을 상술해 주고 있는데, 이는 비록 홀로 있기를 즐기더라도 다른 사람들과 함께 하고 싶은 욕망을 불러일으키는 기쁨이다:

> 신비스런 베일이 금방 추수가 끝난 들판들을 덮고 있고, 그리고 뉴욕 주의 완만한 언덕들은 촉촉한 공기를 감사하는 듯이 보이며, 스스로를 새로운 아름다움으로 드러내고 있었다. 나는 행복하고 감사하다고 느끼면서 오랫동안 생각해 오던 것을 계속 생각하고 있었다: 내가 그토록 사랑하는 나의 모든 친구들이 내가 오늘 보고 느끼는 것을 보고 느낄 수 있기를 바랬다. 그러나 나는 그들은 결코 그럴 수 없다는 것을 안다. 이 지구 위에 드러나는 위대한 아름다움의 경험은 항상 위대한 외로움의 경험과 신비스럽게 연결되어 머문다. 이는 거기에 내가 아직 보지 못한 아름다움이 여전히 있다는 사실을 나에게 주지시킨다: 외로움이 아니라 통일성을 창조하는 아름다움.

나우웬은 제네시 수도원에서 보낸 일곱 달 동안 결국 하나님을 찾았고 그리고 자신의 참 자아를 언뜻 보기 시작했는데, 특별히 침묵으로 드리는 기도 중에 그리고 다른 수도사들과의 관계 속에서 그러했다. 하지만 다소 유감스럽게도 그는 자신으로부터 탈출할 수 없다는 결론을 내렸다. 그가 "바깥에서" 직면했던 동일한 문제들 — 즉, 다른 사람들에게 필요한 존재가 되어야 만하는 그의 욕구, 유용한 존재로 보이고 싶은 욕구, 저술하고 출판하고 싶은 욕구 — 이 수도원까지 그를 따라와, 그곳을 떠나는 날까지 같이 머무르고 있었다. 그럼에도 불구하고, 제네시에서의 시간은 어떤 중요한 면에서 나우웬을 변화시켰다. 그는 기도 속에서 하나님과 보다 깊은 연합을 느꼈고, 그리고 역설적으로 그가 떠나온 세상을 보다 더 가깝게 느끼게 되었다: 어느 정도 거리를 두고 세상을 보는 것이 도리어 그로 하여금 세상을 향해 더욱 더 사랑(compassion)을 느끼게 만들었다.

『제네시 일기』에서 내가 또한 매력적이라고 생각했던 것은 나우웬의 가혹한 정직성과 명상 생활을 향한 그의 압도적인 욕망이었는데, 이 둘은 서로를 지탱하고 있었다. 예를 들어, 나우웬은 인기와 명성과 이목을 향한 그의 욕구에 대해서 거의 믿을 수 없을 만큼 정직하다. 동시에 그는 수도자들을 위한 빵의 재료로 사용될 건포도 무더기 가운데서 달갑지 않은 돌멩이를 발견하는 것과 같은 단순한 일이 어떻게 명상적 삶이 될 수 있는지, 심지어는 신적 현현이 될 수 있는지를 열정적으로 적고 있다. 여기서 정직과 명상은, 머튼에게서 만큼이나, 특별히 그의 일기들 속에 함께 존재하고 있다.

자신과 하나님 앞에서 정직하지 않은 채 진정한 명상자가 될 수 있다고 생각되지 않는다. 또한 어떤 식으로든 명상자가 되지 않은 채 우리 자신에게 정직해 질수 있다고도 생각되지 않는다. 하나는 다른 하나를 지탱한다. 하나님과 다른 사람들 앞에서 정직은 하나님과 우리의 관계를 심화시키고, 나아가 우리의 기도를 심화시킨다. 마찬가지로, 하나님과의 깊어가는 친밀감은 우리를 자유롭게 하여 우리 자신에게 그리고 다른 사람들에게 정직하도록 한다.

토마스 머튼과 헨리 나우웬에 이르자면, 명상적 삶이나 사제직이나 종교 생활 혹은 교회나 사회 정의 혹은 내가 가장 존경하는 중재(peacemaking)에 대한 형식적인 에세이들이 아니라 그들 자신의 삶들에 관한 글들이 더 눈에 들어온다: 그들의 일기들과 자서전적 글들. 이것이 현대의 그들 추종자들에게 매력으로 다가왔던 부분이다. 『7층 산』은 단연코 머튼의 가장 유명한 작품이다. 마찬가지로, 가장 인기 있는 나우웬의 책들은 그 자신의 경험들에 대한 성찰들이다: 『은혜』에서 보여주는 라틴 아메리카에서의 일이든지 『탕자의 귀한』에 나오는 가족과 연관된 용서의 신비를 숙고하는 부분이든지 혹은 『아담』에서 지체부자유한 이들과 함께 일하는 의미에 대한 성찰이든지 간에 말이다.

그러나 머튼과 나우웬이 자신들의 삶에 관하여 저술한 방식에는 어떤 무엇이 있기에, 그 많은 독자들을 매료시킬 수 있던 것일까?

첫째로, 그 둘은 자신들의 일상적 삶에 관해서 거의 언제나 정직했다. 그들의 글들 속에서 가장 두드러지는 문장들은 그들이 일상의 삶이 가져다주는 기쁨과 분투 모두에 대하여 솔직할 때이다. 나우웬은 캐나다 라르슈 공동체에서 사는 동안 아담을 돌볼 때 가졌던 기쁨에 대하여 말하면서, 또한 제네시 수도원에 있을 때 거의 아무도 자신에게 글을 적어 보내지 않는다는 사실이 얼마나 그를 좌절시켰는지를 적고 있다. 머튼은 수도원의 작은 은둔처 밖의 나무들이 얼마나 아름다운지를 기술하면서, 또한 그가 수도원장이나, 그의 형제 트라피스트 수도사들이나 혹은 그의 비판자들이나 프랑스와 바티칸의 상급자들에게 얼마나 분개했는지를 적고 있다. 그가 수도원장에게 거듭 분개했는지도 말했다.

(토마스 머튼의 수도원장은 분노와 실망으로 인해 빈번히 폭발하는 머튼의 성격을 감당했기에 천국에서 자리를 받을 만한 충분한 자격이 있다!)

둘째로, 나우웬과 머튼은 흠 많고 때로 죄 많은 사람들이었고, 그들은 그것을 인정하기를 두려워하지 않았다. 예를 들어, 그 두 사람은 자만으로 가득 찬 교만과 씨름한다. 그들 자신의 글에 따르면, 그 두 사람은 원만한 인간관계를 이루는데 믿을 수 없을 만큼 어려워했다. 그 두 사람은 모두 사람들의 이목을 받으려고 필사적이었다. 나우웬은 1974년 저술한 『제네시 일기』에서 그러한 사실들 중 일부를 자세히 기술했다. 머튼처럼, 자신이 원하는 것을 얻고, 그것이 생각한대로 되어가지 않자, 그는 화를 내거나 시무룩해 한다:

> 필요하다고 여겨짐 없이, 소용없이, 청함을 받음이 없이, 알려짐 없이, 존경받음 없이, 칭송받음 없이 산다는 것이 얼마나 힘든지 나는 너무나 잘 알고 있다. 바로 몇 년 전 난 네덜란드에서 가르치는 일을 그만두고 도시의 월세 방에서 일 년간 학생으로 산적이 있다. 나는 수업으로부터 자유로워져서 내가 바쁘고 일이 많을 때 할 수 없었던 많은 일들을 할 수 있을 것이라 기대했다. 그러나 어떠했는가? 하는 일이 없어진 나는 곧 잊혀졌다. 나를 찾아와 방문하리라 기대했던 사람들은 오지 않았다; 나를 초대하리라 기대했던 친구들은 침묵했다; 주일 예배를 도와 달라거나 혹은 이따금씩 설교를 부탁할 것이라 생각했던 동료 사제들은 나를 필요로 하지 않았다; 내 주변 환경들은 마치 내가 더 이상 근처에 존재하지 않는 듯이 유연하게 반응하고 있었다. 아이러니는 바로 난 언제나 일하기 위해 홀로 있기를 원했지만, 마침내 홀로 남겨졌을 때, 나는 일할 수 없었고 점차 시무룩하고, 화내고, 심술 내고, 혐오스럽고, 까탈스럽고 그리고 불평스러워지기 시작했다.

그 낙담에 대한 고통스런 약술과 그로 인해 귀결된 죄의 목록은 진심어리고 실재적이다. “혐오스럽다”(hateful)는 말은 강한 표현이다. 이는 거짓된 겸손이 아니다.

은둔처로 옮기기 직전에 쓰인 1960년 10월 머튼의 일기는 이를 가장 뚜렷하게 드러내 주고 있다. 여느 때처럼 그는 자신의 수도원장에 대하여 거침없이 말한다:

> 이 자리가 ― 솔 나무들 사이에 가려져 ― 존재하게 되고 그리고 그로부터 떨어져 있어야 함에 따라, 이처럼 아름다운 곳을 갖는다는 것은 예외적으로 실망스러운 일이다. 이에 더하여, 수도원장이 내가 어떻게 느낄 것인지에 대해서는 일말의 관심도 없다는 확신은 내 욕망들이 어리석다는 것을 그리고 심지어는 그 욕망들을 두려워하고 있다는 것을 분명하게 만들어 주고 있다. 그러나 이 경우 도대체 왜 그는 뻔히 그러한 것들을 자극했는가? 이에 대해 물어보지 않았다. 왜냐하면 나는 오히려 상당히 망설이는 모습을 보여주었고, 자신의 결정을 번복하여 전체 일을 취소하도록 그에게 대 여섯 번의 기회를 주었다. 이것을 지금쯤 그는 완전히 잊고 있을 것이다. 그러면서 나는 명랑하고 사교적인 모습을 보여주기 어려운 시간을 겪었다. 무척 열심히 노력했다고 말하기는 어렵다. 멍청한 정신을 소유한 완전한 혐오덩어리를 우리는 수도원에서 키우고 있다. 좌절과 무의미에 대한 의도적인 예찬. 전문적인 어리석음. 삶은 우리 자신의 환상스러운 좌절감들과 어리석음들을 더하지 않아도 이미 충분히 어리석지 않은가?

자신들 자서전 속에서 머튼과 나우웬은 참을성 없고, 옹졸하며, 강박적이고, 이기적이며, 의심 많고, 퉁명스럽고 그리고 때로는 심지어 심술궂기까지 한 모습들을 진솔하게 드러낸다. 그들은 자신들의 죄에 대하여도 정직했다. 이 솔직함이 마침내 그들로 하여금 하나님의 손을 알아볼 수 있도록 해 주었고, 그리고 그 주님과 보다 큰 신뢰와 친밀감으로 나가도록 초대해 주었다.

자신들의 결점들을 이렇게 드러내는 것은 독자들을 끄는 요인이 되기도 하지만, 일부 독자들에겐 반감을 사는 요인이 되기도 한다. 나에게 그것은 물론 매력적인 사항이었다. 그 드러냄은 나로 하여금 그들을 보다 친근하게 느끼고, 그들이 영적으로 어떻게 성장해 갔는지를 보다 분명하게 볼 수 있도록 해 주었고 그리고, 마찬가지로, 나의 단점들에도 불구하고 내가 어떻게 그들처럼 성장하도록 부름 받았는지 알 수 있도록 했다. 예를 들어, 자신의 책 『탕자의 귀환』에서 왜 자신이 복음서의 탕자 이야기에 등장하는 큰 아들처럼 느끼는지에 대하여 — 상류의 삶을 살아왔던 사람들에 대한 자신의 분통과 항상 선한 아들이 되어야만 하는 것에 대한 그의 분노 그리고 용서를 향한 그의 계속적인 욕망과 더불어 — 나우웬이 상세한 토론을 전개하는 대목은 무척 감동적이다. 그러한 양식의 글쓰기는 어떤 사람이 자신의 삶의 내밀한 부분 혹은 고통스런 부분을 드러낼 때 느끼는 감정과 동일한 감정을 야기한다. 나에게 그것은 은혜의 질서 속에 있는 위대한 선물이다. 왜냐하면 하나님이 그 사람을 얼마나 사랑하시는 지가 바로 그 순간에 아주 분명해지기 때문이다.

일부 독자들에게 고백적 스타일은 대단히 친숙한 방식이다. 왜냐하면 그 스타일은 요즘 인기 있는 많은 회고록들이 담고 있는 솔직하고 자기-고백적인 양식뿐만 아니라 기독교 고전 문학의 중심이었던 솔직하고 자기-고백적인 회고들에 잘 들어맞기 때문이다: 성 어거스틴(Saint Augustine), 성 아빌라의 테레사(Saint Teresa of Avila), 성 이그나티우스 로욜라(Saint Ignatius Loyola), 루이스

(C.S. Lewis) 등의 자서전들. 흠 많고 상처 입은 작가는 호소력을 갖는다.

그러나 여전히 다른 독자들에게 그들의 결점은 딱 정이 안가는 것들이어서, 독자들의 주의를 모으기 보다는 흩어놓는 효과를 갖는다. 독자들 중 많은 사람들은 자신이 좋아하지 않는 작가와 시간 소비하는데 관심이 없다.

예수회 성당에서 운영하는 지역 독서 모임(book club)을 돕고 있을 때, 우리는 『제네시 일기』와 『탕자의 귀환』, 그 뿐만 아니라 『7층 산』을 읽었는데, 2달이 넘는 기간 동안 진행되었다. 그리고 거기에는 나우웬과 머튼의 솔직함을 칭찬하는 사람들만큼이나 그들의 자기본위적 이기심으로 여겨지는 것에 역겨워하는 이들도 있었다. 『7층 산』에 관한 토론 중간에 한 나이든 여인이 말문을 열어, 자신이 얼마나 머튼을 싫어하는지를 말했다. 그녀는 머튼을 견딜 수 없이 싫다고 했다. 가톨릭에 대해서 너무 승리주의적 관점을 갖고 있고. 기독교의 다른 교단들에 대해 너무 무시한다는 것. 여성들에 대하여 너무 맹목적이라는 것. 무엇보다도, 너무 자기-중심적이라는 것. 그녀는 말하기를, "그거 알아요? 1940년대 초기 무렵을 회고하는 그의 자서전을 샅샅이 읽어봐도 전쟁이 벌이지고 있다는 암시조차 남기고 있지 않다는 거?" 이는 상당히 공정한 비판이라는 사실을 나는 인정해야 했다.

셋째, 머튼과 나우웬 모두 언제나 무언가를 추구(seeking)한다. 나우웬의 삶은 이 자리에서 저 자리로 다시 저 자리로 옮겨 다니는 인생이었는데, 이 사실은 그의 책들을 읽다보면 초보 독자라도 이내 알아챌 수 있다. 라르슈에 살게 되기까지, 나우웬은 결코 온전한 만족감을 느끼지 못했다. 그러나 심지어 그곳에 살때조차도, 의심들과 불만족들이 있었다. 그리고 물론 머튼은, 거의 사제 서약을 하자마자부터, 수도원에서의 자기 자리를 끊임없이 자문하고 있었다. 머물러야 하나? 떠나야 하나? 다른 수도회로 가야 하나? 수도원에서 작성한 그의 일기 초반부에 보면, 우리는 다음과 같은 구절을 읽을 수 있다: 글쎄, 내 고해 신부는 내가 머물러야 한다고 말한다. 그래서 최종적으로 결정했어: 난 머물거야. 그러나 몇 달 후 그는 적기를: 글쎄, 아닐지도 몰라, 아마도 내 고해 신부가 틀렸을지도 몰라, 아마도 나는 떠나야 할 것 같아.

이 (심리적) 요동은 그 자체로 나쁜 것은 아니지만 정주 서약을 한 수도사로선 다소 문제가 있으며, 이 긴장은 머튼의 생애 말기까지 지속되었다. 헨리 나우웬은 『제네시 일기』에서 내내도록 동일한 번민을 드러낸다. 보다 명상에 집중하는 삶을 살아야 하지 않을까? 그래, 그래야만 해. 아니야, 내 글쓰기와 강연을 포기할 순 없어. 왜냐하면 사람들이 그것을 통해 얻는게 있기 때문이야. 그래, 난 포기 안 할 거야.

그 두 사람은 언제나 구도자들(seekers)이었으며, 자신들의 소명을 수행할 길을 찾고 있었다.

네 번째, 머튼과 나우웬 모두 순결의 요구사항과 씨름했다. 그들의 삶에서 이 측면은 독신 사제인 나에게 특별히 흥미롭다. 머튼은 1960년 대 병원에 머물게 되었을 때 젊은 간호사 마지(Marge)를 만나기 전까지, 적어도 내가 보기에는, 결코 어떤 여성과도 건전한 관계를 갖지 못한 것처럼 보이며, 심지어 그때조차도 그의 관계는 불건전했다. 왜냐하면 그는 분명히 그의 맹세들을 위반했고 그리고 때론 그의 트라피스트 형제들을 기만했기 때문이다.

마지와 정사관계를 갖던 시절 머튼의 두드러진 이미지는 바로 자신의 은둔처에 찾아오는 방문자에게 동전을 가져오도록 부탁하는 것이었는데, 그 동전들을 가지고 전화하기 위해 수도원을 벗어나곤 하였다. 이는 수련 수사 시절 내 지도자가 일전에 내게 말했던 것을 주지시킨다: 네가 너의 맹세들 중 하나를 크게 위반하게 될 때, 통상 나머지 두 개의 맹세들도 마찬가지로 위반하게 된다. 바로 머튼은 순결의 맹세를 위반하면서, 청빈의 맹세와 복종의 맹세를 동시에 위반하고 있었다.

하지만 이 격정의 시기에 머튼은 마침내 평생 동안 해보지 못했던 일종의 깊은 낭만적 사랑을 경험하게 되었다. 그리고 마침내 자신이 사랑할 수 있는 진정한(real) 여인을 만났고, 그리고 이 사랑은 그가 수도사로서 여성들에게 관계하는 전형적인 방식 ― 말하자면, 기본적으로 그의 기도와 명상을 통한 방식 ― 이었던 지혜의 신화적 이미지나 성모(the Blessed Mother)의 신학적 구성이 아니었다. 그럼에도 불구하고, 머튼은 자신의 전 생애에 걸쳐서 정직하게, 솔직하게 그리고 순결하게 사랑하고자 분투하였다.

다른 한편으로, 대부분의 기술에 따르면, 나우웬은 게이(gay) 즉 동성애자였고, 그래서 그는 많은 독신의 게이 사제들이 그러했고 그리고 여전히 그런 것처럼 이 문제와 씨름하였다. 마이클 포드(Michael Ford)의 탁월한 전기 『상처받은 예언자: 헨리 나우웬의 초상』(*Wounded Prophet: A Portrait of Henri J.M. Nouwen*)은 "새로운 방향들"이라는 제목의 장에서 이 부분을 장황하게 상술하면서, 나우웬이 자신의 이런 측면을 고백했던 친구들을 인용한다. 이미 언급한 대로, 생의 마지막까지 독신의 순결을 지키기는 했지만, 그는 라르슈 공동체에서 또 다른 남자에 반해 사랑에 빠지게 되었고, 그 때문에 몸부림 쳐야 했다. 아마도 공식적인 제약이나 난처함 혹은 신중함 혹은 이 셋 모두 때문에 그는 자신의 삶의 이 부분에 대하여 공적으로는 쓰지 않기로 결심한 듯이 여겨진다.

그의 글을 읽은 독자의 입장에서 일종의 상실감이 밀려 올 수도 있다. 하지만 사랑에 빠졌던 일과 그 후 자신의 종교적 맹세들에 대한 헌신을 다시 맹세한 것을 기록한 토마스 머튼의 솔직한 일기는 그의 가장 강력한 저술들 가운데 하나이고 그리고 우리로 하여금 독신, 순결, 충성, 사랑, 친밀감 그리고 결국 신앙에 대하여 보다 깊이 있게 성찰하도록 돕고 있다. 이 시기에 해당하는 머튼의 일기들은 그의 사후 수년이 지나서야 등장했다. 그럼에도 불구하고, 나우웬의 성이라는 관점에서 동일한 주제들을 다루는 그의 성찰들을 읽어보는 것은 우리를 일깨우는 무언가를 가져다 줄 것이다.

전체적으로, 머튼과 나우웬은 그들의 생애를 통하여 순결의 서약을 지키며 살아가는 사랑 많은 사람들이 되도록 노력하였다. 인격의 통전성을 갖춘 사랑이 풍성한 사람. 모든 사제들처럼 그리고 모든 사람들처럼, 그들은 때로 이것을 잘 지켰고, 때로는 잘 지키지 못했다.

그러나 우정에 관해 말함이 없이 순결에 관해 말할 수는 없다. 머튼과 나우웬 모두 우정을 나눌 능력이 풍성했고, 그리고 다양한 부류의 친구 관계들을 유지할 수 있는 재주를 지니고 있었는데, 이는 순결의 삶을 살기에 절대적으로 본질적인 것이다. 흥미롭게도, 비록 여느 누구처럼 우정을 갈망했지만, 머튼이 나우웬보다는 친구들을 덜 필요로 했다고 말하는 것이 공정할 것이다.

『머튼과의 만남』(*Encounters with Merton*)이라는 제목의 작은 에세이집에서, 나우웬은 친구들과 교제하는 머튼의 능력을 거의 갈망하는 수준으로 글을 썼다. 토마스 머튼은 "그는 친구들을 사랑했지만, 그러나 그들을 이용하지 않았고, 친구들로부터 받은 모든 것에 무척 감사했지만, 그들에게 집착하지 않았다. 점점 더 그는 그의 친구들을 하나님께로 나아가는 이정표들로 보는 법을 배웠다"고 나우웬은 적고 있다. 여기서 나우웬은 문득 자신이 담지하지 못한 측면을 갖춘 머튼의 삶을 존경하고 있었다: 초연(超然 detachment).

그 모든 유사점들에도 불구하고, 토마스 머튼과 헨리 나우웬은 다른 사람이라는 사실을 참으로 강조해야만 할 것이다. 마이클 포드의 책 『상처받은 예언자』에서 트라피스트 수도사이자 제네시 수도원 원장을 역임하면서, 머튼과 나우웬 모두를 알고 지냈던 존 유드 벰버거(John Eudes Bamberger)는 그 두 사람 간의 분명한 구별점들을 기술해 준다. 가장 기본적으로, 나우웬은 교육자와 강연자로서 활동적인 삶을 보냈고, 반면 머튼은 수도사의 명상적 삶으로 나아갔다. 벰버거에 따르면, 나우웬은 대중적인 독자들 수준에 접근하려고 노력했던 본질적으로 교사이자 소통자였던 반면, 머튼은 문학적인 사람으로서 특정 집단의 사람들을 염두에 두고 저술하였다. 마지막으로, 머튼은 "비범한 지성"의 사람이었던 반면, 나우웬의 경험들은 "평균적으로 지적이고 헌신적이며 진지한 사람"의 경험들에 보다 가까웠다. 벰버거 신부는 결론적으로 말하기를: "나우웬을 그 당대의 머튼이라 생각하는 사람은 헨리나 머튼을 전혀 모르는 셈이다."

그럼에도 불구하고, 머튼과 나우웬은 당대 신앙인들에게 호소력있는 많은 특성들을 공유한다. 첫째, 그들은 언제나 솔직하려고 노력하였다. 둘째, 그들은 자신들의 죄를 인정하는 일을 두려워하지 않았다. 셋째, 그들은 마음이 열린 구도자들이었다. 그리고 넷째, 그들은 사랑하려고 노력하였다.

다른 말로, 그들은 사람(human)이었다; 그들은 우리 모두를 반영하여 비춘다. 그래서 우리는 쉽사리 그들과 동일화된다. 그들은 흠 많은 사람들이었지만, 그럼에도 불구하고 하나님을 사랑했고 그리고 하나님이 사랑했던 사람들이었다. 이그나티우스적 영성(Ignatian spirituality)의 구절을 빌리자면, 그들은 "사랑받는 죄인들"이었다.

특별히 이 두 사람의 삶을 읽으면서 갖게 되는 놀라운 것은 우리가 한 발 뒤로 물러나 다음과 같이 말할 수 있다는 것이다: "그래 난 그 결점들과 문제들과 죄들을 보았지만, 그러나 이들은 여전히 매우 거룩한 사람들이다." 아마도 이것이 하나님이 우리 모두를 바라보시는 방법일 것이다: 우리의 한계들과 잘못들과 더불어 있을 때에도 우린 거룩하다. 그리고 이것은 우리에게 매우 용기를 북돋워준다.

그들의 삶과 저술들 속에서, 머튼과 나우웬은 모두 하나님 앞에서 자기 자신들이 되기를 추구하였다. 이것은 아마도 그들의 가장 기본적인 탐구였고, 그리고 바로 이점 때문에 그들이 당대 기독교인들에게 아주 훌륭한 모범들이 되는 것이다. 머튼과 나우웬이 일생동안 추구했던 자기-반성과 자기-비판과 자기-현시의 과정은 하나의 핵심을 갖고 있기 때문이다; 그것은 단순히 자기-

이해를 위한 나르시스적 탐구가 아니었다. 오히려 그것은 자신들을 사랑으로 보다 충만케하고 보다 하나님 중심적으로 되기 위해 수행한 훈련(discipline)이었다. 그 두 사람에게 자기 이해의 긴 과정은 그들이 자유 안에서 성장할 수 있도록 해 주었고, 보다 진정으로 자기 자신들이 될 수 있도록 해 주었다. 그들이 선호하던 용어를 빌려 표현하자면, 그 과정은 머튼이 자신의 "진정한 자아"(true self)가 될 수 있도록 해 주었다. 그리고 그것은 나우웬이 "하나님의 사랑하는 자"가 될 수 있도록 해 주었다.

"내가 보기에 성인이 된다는 것은 자기 자신이 되는 것을 의미한다"고 머튼은『명상의 새로운 씨앗들』에 적고 있다. 이미 언급했듯이, 현대 기독교 영성 안에는 이보다 더 해방적인 구절을 찾아볼 수 없다. 그리고 토마스 머튼이나 헨리 나우웬 만큼 아름답게 성스러움으로 나아가는 우리의 개인적 길에 대하여 저술한 사람도 많지 않다. 하나님은 우리들 각자를 고유하게 우리 자신들로 만드셨고, 그리고 거룩함은 그 참 자아를 발견함으로, 하나님 앞에 '나'로 서있는 그 인격을 발견함으로, 그 사람을 받아들임으로 그리고 그 과정에서 성인(saint)이 됨으로 구성된다.

제6장

가장 참된 자아

헨리 나우웬에 대하여 말하기에 앞서, 내가 수련 수사였을 때 만났던 또 다른 사람, 나사렛 예수를 언급해야만 할 것이다.

수련 수사 기간에 예수에 관하여 생각하느라 많은 시간을 소비했다고 말하는 것은 무척이나 절제된 표현이다. 매일 미사를 통해 (나는 예수회에 입문한 뒤에야 매일 미사에 처음 참석하였다) 수련 수사들은 예수 그리스도의 삶과 죽음과 부활을 그려주는 복음서 이야기들을 들었다. 또한 기도 속에서 예수의 말씀과 행위를 명상하고, 우리 자신을 복음서의 어느 장면들에서 그와 함께 있는 것으로 상상함으로서 예수와의 "개인적 관계"를 발전시키도록 독려 받는다. 수련 수사 감독자와 영적 감독자와 만나는 중에 우리는 예수에 대한 우리의 이미지와 인상들에 관한 질문을 받곤 했다. (공식적 이름이 "예수회"The Societity of Jesus인 집단의 구성원에게는 그렇게 놀랄만한 질문은 아니다.)

수련 수사 도서관에는 예수에 대한 배경적 지식을 제공하는 많은 책들이 있었고, 나는 "역사적 예수" 혹은 "역사의 예수"에 관한 연구들에 이끌리고 있었다. 이 분야는 역사가들과 고고학자들이 나사렛 예수의 삶과 1세기 팔레스타인 세계에 관하여 발견해 왔던 것을 상술하고 있었다. 그 주제에 관하여 내가 읽었던 첫 번째 책은 도미니크 수도회의 사제 알버트 놀란(Albert Nolan)이 쓴 『기독교 이전의 예수』(*Jesus Before Christianity*)라는 제목의 작은 책이었는데, 그 책은 내가 미사 중 들었던 복음서 이야기들 속에서 일어난 일들의 역사적 상황을 제시해 주고 있었다.

예수회 수사 수련의 주 행사는 성 이그나티우스 로욜라(Saint Ignatius Loyola)의 영적 훈련에 기초하여 한 달간 진행되는 침묵 수련회였는데, 예수의 전체 생애를 명상하는 것이다: 그의 탄생, 젊은 시절, 설교와 기적들 그리고 그의 십자가 처형과 죽음 그리고 부활 말이다. 매일 4-5시간씩 기도드리면서 진행되는, 이 행사는 분명코 우리가 나사렛 예수의 이야기를 명상하는데 투자할 수 있는 가장 집중적인 기간이었다.

단적으로 말해, 나는 예수에 대하여 많이 생각하였다.

나에게 예수에 관한 가장 흥미로운 물음은 신학자들이 그의 "자기-인식"(self-knoweldge)이라 부르는 것에 관한 것이었다. 예를 들어, 예수는 자신을 어떻게 생각하고 있었는가? 그는 그의 사목을 어떻게 이해하고 있었는가? 그는 자신이 하나님의 아들임을 알고 있었는가?

내가 책의 서두에 언급했듯이, 나는 신학자나 학구적이거나 학자가 아니다. 그러므로 나는 여기서 그 어떤 새로운 신학적 이론들을 제시하지 않을 것이다. 게다가, 예수에 관한 한, 나는 기독교 전통이 그것을 가장 잘 말하고 있다고 생각한다: 그는 전적으로 인간이었고 그리고 동시에 전적으로 신이었다. 그러나 이 유명한 정의는 물음들에 대답해 주기보다는 오히려 더 많은 물음들을 제기하고 있어서, 예수가 스스로에 대하여 어떻게 생각하고 있었는지에 대한 물음을 거의 해결해 주지 못한다. 그리고 그 문제를 더 명상하면 할수록, 그 물음은 어떻게 예수가 그의 참 자아를 이해하고 있는가에 달려있음을 더 명확히 보게 된다.

물론 우리가 말하는 어떤 것도 사변적(speculative)이다. 내가 신학 공부를 하고 있을 당시, 한 학생이 예수의 자기-인식에 관하여 신약학 교수에게 물었다. 나는 길고 열정적인 일련의 물음들을 묻기 위해 손들고 일어나던 동기생들을 기억한다: 예수가 자신에 대하여 생각할 때, 그 학생은 묻기를, 그는 자신이 신이라는 것을 알고 있었는가? 그가 기도할 때, 그는 성부 하나님과 어떻게 관계하는가? 그는 자신이 해야 할 일들을 어떻게 알고 있었는가? 자신이 메시야라는 사실을 그는 알고 있었는가? 그는 자신이 행한 기적들에 대하여 무어라 생각하고 있었는가? 전체적으로, 그의 내적 삶은 무엇과 같았는가? 탁월한 학자이면서 헌신적인 신부였던 교수는 주의 깊게 경청하고, 잠시 멈추었다가 말하기를, "우린 아무것도 모르네."

그럼에도 불구하고 그것은 매혹적인 질문이고, 그리고 진지한 기독교인들이 붙잡고 씨름해야 할 물음이다. 예를 들어, 우리가 십자가에 못 박힘에 관하여 생각할 때, 이 질문이 제기된다. (만일 예수가 신이라면, 그는 죽은 자로부터 일어날 것을 알고 있었을까, 그리고 이것이 십자가에서 그의 고통을 줄여주었을까?) 이 질문들은 우리가 그와 제자들과의 관계에 대하여 생각할 때도 떠오른다. 언급했듯, 최근 필자는 예수와 유다에 관한 연극을 제작하는 연기 회사와 동역했었다. 어느 날 리허설 도중 배우들 중 하나가 예수의 두 "본성들"(인간적 본성과 신적 본성)에 관한 물음을 제기했다. 극장 마루 바닥에 앉아 유다를 대적하는 장면 중간에 예수를 연기하는 친구가 물었다, "내가 유다와 어떻게 관계해야 하는지를 잘 모르겠어요. 내가 신인가요 그리고 내가 그에 관하여 모든 것을 알고 있나요? 아니면 제가 여전히 사람인가요?"

훌륭한 질문.

우리가 예수의 내적인 삶에 관하여 아는바가 거의 없는 것이 사실이지만, 우리가 알 수 있는 어떤 것들이 있다. 무엇보다도 먼저, 기원 1세기 갈릴리 지방의 유대인으로서 예수는 우리가 오늘날 그를 기술하기 위해 사용하는 것과 동일한 언어를 사용하지 않았다. 신학자 엘리자베스 존슨이 그녀의 책 『예수를 숙고하다』(*Consider Jesus*)에서 "분명코 예수는 아침에 일어나 '나는 함께 한 본질을 구성하는 진정한 인간 본성과 진정한 신적 본성을 지닌 하나님의 아들이다'라고 말하지 않았다. 나는 그가 아침에 무엇을 말했는지 알지 못하지만, 그러나 그것이 아니라는 것은 분명하게 확신할 수 있다!"

만일 그렇다면, 예수는 자신의 참 자아를 어떻게 이해하고 있었는가?

우리는 예수가 전적으로 인간이었고 그리고 전적으로 신이었다는 기독교의 근본 믿음과 더불어 시작해야만 한다. 그리고 우리가 어느 한쪽의 본성을 시선에서 놓치면 안 되긴 하지만, 그중 인간적 본성이 자주 잊혀지는 경향이 있다. 심지어 믿음이 깊은 기독교인들조차 그의 참 인성 – 곧 미래를 알지 못하고, 자신의 소명을 서서히 알아가고 그리고 신앙으로 살아가는 예수의 인성 말이다 – 을 무시하는 경향이 있다. 그 다음에 따라오는 것은 나사렛의 예수가 그의 참 자아로 성장해 갔을 인간적 길을 탐구하는 일종의 상상의 활동이다. 여기 이하에 글은 내가 그에 대하여 어떻게 생각하고 싶어 하는지에 대한 내용들이다.

만일 우리가 예수의 자기-인식 혹은 예수가 어떻게 그의 참 자아를 이해하게 되었는지를 알고자 한다면, 그의 사춘기 초기, 즉 대부분의 사람들이 자신이 누구인지 그리고 어떤 사람이 되기 원하는지에 관해 처음으로 생각하기 시작하는 때에서 출발해야 한다. 1세기의 팔레스타인을 살아가던 한 소년에게 사춘기는 13세 정도의 이른 시기에 시작했을 것이다. 후대 유대인의 생활 속에서 바르미츠바(*the bar mitzvah*–[역자] 유대교에서 13세가 된 소년의 성인식을 가리킨다)로 표시되는, 말하자면 성인이 되는 전통적인 시간이 바로 13세다.

불행히도 복음서는 예수가 성전에서 가르치다가 발견된 시기인 대략 12세 때부터 그의 공적인 사역이 시작되는 시기인 30세 정도 사이에 일어난 예수의 삶에 관하여 복음서 기자들은 아무것도 말하지 않는다. "예수는 지혜와 키가 자라가며 하나님과 사람에게 더욱 사랑스러워 가시더라"는 구절이 누가복음(2:52)이 말하는 전부이다. 다른 말로 표현하자면, 예수의 삶에 관한 우리의 지식에는 18년의 공백이 있는 셈이다. 하지만 이 시기, 즉 흔히 "숨겨진 삶"이라 불리기도 하는 이 시기는 예수의 성장하는 자의식과 성숙에 의심의 여지없이 결정적인 시기였다.

예수에게 이 시기는 무엇과 같았을까? 마리아와 요셉은 자신들의 아들의 비범한 출생과 어린 시절을 묵상하면서, 예수는 고유한 소명을 감당해야 할 운명이라고 믿게 되었을 것이라 생각하는 것이 합리적이다. 그래서 아마도 그들의 결론들과 성찰들이 예수에게 물려졌을 것이다. 동시에 아들은 아마도 자신의 평생 직업일 것이라고 상상하는 것을 준비하며 대부분의 시간을 소비했을 것이다: 목수 혹은 장인이나 건설 노동자라 우리가 부를 수 있는 것을 준비하며 말이다. (의미심장하게도 복음서들은 예수를 "랍비"보다는 "목수"로 더 빈번히 언급한다.) 그리고 그의 참 자아에 관해 말하자면, 예수가 목수로서 획득했던 덕목들(인내, 고된 노동, 정직 등)이 나중에 그의 목회 가운데에 많은 도움이 되었을 것이라고 생각하는 것은 불합리하지 않다. 마리아와 요셉과 나눈 대화 속에서, 그리고 나사렛에서 매일의 노동을 감당하면서, 하나님이 우리 자신의 배경들과 재능들을 선을 위해 사용하시듯, 예수는 자신의 궁극적인 일을 위해 하나님이 예비하신바 대로 준비되었다.

누구나 자유롭게 추측할 수 있기 때문에 나는 예수의 청소년기를 예수가 자신이 어떤 특별한 목적을 위해 존재하게 되었는가를 처음으로 궁금해 하던 시기로 생각하고자 한다. 아마도 이는 예수 자신의 기도로부터 혹은 특정의 성서 문장들 특별히 이사야 서와 같은 예언서들을 읽을 때 그가 느꼈던 방식으로부터 왔을 것이다. 혹은 그가 나사렛의 아픈 친구들을 보았을 때, 그는 자신의 가슴이 연민으로 감동하고 있음을 느꼈을 것이다. 아마도 사람들에게 무거운 짐을 지우고 있는 종교 지도자들을 보았을 때, 그는 삶의 불공정함과 이것이 하나님이 원하시는 것으로부터 얼마나 동 떨어진 일인지 감지했을 것이다. 그러자 그는 자신의 삶이 (사람들의) 고통을 경감시키는 어떤 것이어야 한다고 믿기 시작했을 듯 하다. 시간이 흐르면서 그는 자신 안에서 점진적으로 보다 분명해져 가는 어떤 욕망을 느끼게 되었을 것이다: 하나님의 말씀을 설교하고 그리고 어떤 식으로든 그 주위의 사람들이 겪고 있는 고통을 줄여주고 싶은 욕망. 아마도 나사렛과 그 주변 유대인 마을들을 바라보면서, 예수는 자신이 그 백성들의 해방에 감당할 어떤 큰 역할이 없는지 생각했을 것이다. 전반적으로 필자는 예수를 하나님이 자신에게 의도하신 인물이 무엇인지를 골똘히 생각하며 깊이 생각에 잠긴 젊은 청년으로 생각하려고 한다.

하지만 심지어 서른의 나이에 이르렀을 때에도 예수는 여전히 모든 일을 불가해한 듯 여기고 있었을 것이다. 우리들 중 대다수도 그 나이에 세상일이 여전히 불투명한 점이 많다고 믿듯이, 예수도 많은 것들에 의아심을 품고 있었다! 실제로 공생애 사역 아주 초기에 예수는 자신이 무엇을 해야 할 것인지에 대하여 불확실한 것 같다. 예수가 세례받기 위해 요단 강으로 갈 때를 예로 들며 반론할 수도 있겠지만, 그것은 많은 사람들이 그랬듯 예수도 세례 요한의 메시지에 이끌렸기 때문이다. 말하자면, 예수는 요한의 메시지가 도대체 무엇에 관한 것인지 그리고 그 메시지가 자신이 하도록 작정된 일을 이해하는데 도움이 될지를 알아

보기 위해 요단 강으로 갔을 것이다. 실제로, 요한에게 그가 세례 받는 장면은 복음서 기자들에게 조차 혼동스러웠던 것처럼 보인다. 결국, 마태복음서가 기술하고 있듯이(1:4), 예수는 왜 "죄 사함을 받게 하는 회개의 세례"로서 세례를 받아야만 했을까? 세례를 받을 어떤 이유가 있다면, 하나님의 아들은 스스로 세례하는 자가 되어야 하지 않을까? 마태복음은 예수의 입을 빌려 설명을 제시해야 할 의무감을 느꼈다(비록 모호한 설명이지만 말이다): "이제 허락하라 우리가 이와 같이 하여 모든 의를 이루는 것이 합당하니라" (3:15).

예수를 요단 강 둑으로 끌고 간 이유가 무엇이든지 간에, 그의 세례 시에 어떤 일이 일어났든지, 그것은 경악할만한 것이었으며 (복음서들은 그것을 하늘이 열리고 한 음성이 들렸다고 기술한다) 그래서 예수는 자신이 유일무이하게 중요한 사명을 받았다고 확신하게 된다. 그리고는 기도와 분별의 과정을 계속하기 위해 사막으로 이끌려간다.

분명코 예수는 사막에서 홀로 시험을 받았다. 사탄이 개인적으로 시험을 수행하기 위해 물리적인 방식으로 나타났는가를 당신이 믿는지 혹은 예수가 이 시험들을 혹은 유혹들을 스스로 내적으로 경험했는지는 요점을 벗어난 물음 같아 보인다. 그러나 위대한 성서학자 윌리암 바클레이(William Barclay)는 제시하기를, 이 이야기는 예수 자신이 제자들에게 전해주었을 가능성이 가장 높은 이야기로서 이 구절들은 아주 신중하게 다루어질 필요가 있다고 했다.

사막에서의 시험은 예수의 삶 중에서 이해하기 가장 쉬운 부분일 것이다. 이제 자신의 사명에 대하여 진지하게 숙고하면서,

이제 예수는 우리들 모두가 받게 되는 동일한 유혹들을 당하게 된다: 권력을 향한 유혹, 안정성을 향한 유혹, 손쉬운 해답들을 향한 유혹. 그러나 그는 이 유혹들을 거절하고, 갈릴리로 돌아가 자신의 사역을 시작한다.

예수가 힘과 안정과 손쉬운 해답들을 외면하는 동안의 생애 몇 주는 진정한 자아를 찾아가려는 모든 성찰에 있어 결정적이다. 그것은 "거짓된 자아"가 되려는 유혹에 대한 근원적인 거절이었다. 왜냐하면 예수가 사막에서 경험했던 모든 충동들의 이면에는 자신이 부름 받은 바를 부인하는 방식으로 일들을 처리하고픈 유혹이 도사리고 있었기 때문이다. 그 유혹들은 예수에게 말했다: "부름 받은 존재로 되지 말아라. 이기적 바램과, 사회가 요구하는 것과, 얄팍한 성공과 쾌락이 가져다 줄 것들과 보조를 맞춰 나갈 수 있는 사람이 되라. (체제에) 적합한 사람 그래서 현재의 상황(status quo)에 위협을 제기하지 않는 사람이 되라. 오직 존경만을 갈망하는 자가 되라. 너의 거짓된 자아로 되라."

그러나 또한 예수는 이보다 더 미묘하게 시험들과 대면했을 것이다. 예를 들어, 예수는 세상의 권력을 사람들을 돕는 수단으로 생각하도록 유혹받았을 것이다. 결국, 그 힘과 영향력이 다른 이들을 도울 수 있다면, 권력 있고 영향력 있는 인물이 되는 것이 뭐가 잘못인가? 하지만 서서히 예수는 하나님이 자신을 아주 다른 종류의 힘으로 부르시고 계시다는 사실을 깨닫는다.

사막에서 이 유혹들을 제압하면서, 자기-중심의 삶과 세상 권력을 지향하는 삶으로부터 등을 돌리면서, 예수는 자신의 거짓된 자아를 거절하고, 자신의 참 자아를 품에 품을 수 있었다.

그러나 사막에서 지내던 기간 이후에도 여전히 자신의 사명을 주저케하는 긴 침묵이 자리잡고 있었던 것 같다. 왜냐하면 교회 전통이 첫 번째로 간주해 오던 예수의 기적은 분명히 주저하며 수행했던 것으로 보이기 때문이다. 가나의 결혼 축하연에서 포도주가 떨어졌을 때였다 (요 2:1-11). (내가 언급한 연극에서 유다는 주인을 "별 관계가 많지 않았던 먼 친척으로서 너무나 인색해서 자신의 집에서 벌어지는 결혼식을 위해 충분한 술을 제공할 수도 없었던 인물"로 묘사된다.) 그의 어머니가 이를 지적하면서, 사실상 뭔가 좀 하라고 일렀을 때, 예수는 약간 빈정거리며, "여인이여, 그 일이 당신과 나에게 무슨 관심거리가 됩니까?"라고 말한다 (2:4). 다른 말로 이 일이 나와 무슨 상관이 있는가? 난 당신이 바라는 그런 사람이 아닙니다! 나는 아직 부름 받은 바대로 된 사람이 아닙니다! 여기서 예수는 여전히 자신의 사명(mission)을, 자신의 소명(vocation)을 그리고 자신의 참 자아를 붙들고 씨름하고 있는 듯 보여졌다.

그에 반응하여, 어머니는 예수가 원하는 것을 할 수 있는 자유를 아들에게 주고 있다. "그가 너희에게 말하는 무엇이든지 하라"고 그녀는 종들에게 차분하게 말한다(2:5). 흥미롭게도 마리아는 예수 보다 일찍 그의 사명을 이해했던 것 같다. 아마도 그녀가 그에 대하여 생각할 시간을 더 많이 가졌기 때문일 것 같다.

어떻든 예수는 이제 자기에게 요구되는 것을 이해한다. 이제 자신감에 차서 그는 연회장에게 큰 토기 술 단지들을 물로 채워 손님들에게 접대하라고 말한다. 그러나 술 단지에서 나오는 것은 물이 아니라 바로 포도주였다. 이것이 그의 첫 번째 이적이다.

나는 예수 스스로 자신의 첫 번째 기적으로 인해 놀라지 않았을까 하고 언제나 궁금했다. 자기-인식을 향한 그의 여행 중에 그가 놀랄만한 때가 혹시 있었다면, 그것은 바로 가나에서이다.

내 자신의 삶 속에서 나는 내 사목의 결과들로 인해 매번 놀람을 경험한다. 말할 필요도 없이, 나는 물을 포도주로 변화시키지 못하고, 단지 오랫동안 은닉되어 왔던 감정들과 느낌들을 여는 몇 마디 말을 사람에게 말할 수 있을 뿐이다. 난 무심코 영적 명령 속에 누군가가 치유나 소망을 경험하기에 아주 적합할 것으로 여겨지는 복음서 문장들을 언급한 정도이다. 설교 중에 우연히 언급한 발언을 들은 후, 누군가 내게 다가와, 이것이 바로 그녀가 들을 필요가 있었던 것이라고 눈물을 흘리며 말하는 것을 들은 바 있다.

최근 누군가 아주 나쁜 어떤 소식을 접한 바로 그 순간 나는 그곳에 함께 했고, 그래서 바쁜 경황 중에 다행히 작고 내밀한 방에서 그와 시간을 보낼 수 있었다. 격앙된 대화와 어느 정도의 눈물을 쏟은 후, 우리 둘은 방을 나서려고 일어났다. 바로 그때 한 사람이 불쑥 방으로 들어와, 그녀가 이 방을 쓸 것이라고 우리게 말했다. 만일 우리가 몇 분 일찍 혹은 몇 분 후에 있었다면, 그 친구와 나는 만날 기회나 시간이나 공간을 가질 수 없었을 것이다. 그것은 마치 내 친구가 그런 공간을 필요로 했을 때, 그 대화를 위한 공간을 하나님이 비워 주신 것처럼 보였다.

우리의 사목과 삶의 열매들은 대개 믿기 어려울 만큼 놀랍고, 그리고 하나님의 손은, 결과들이 무척 단순한 것들일 때조차도, 대낮처럼 분명하게 모습을 드러내기도 한다. 그러면, 가나에서의 기적이 예수를 위한 것이었다면, 그 얼마나 더 놀랍겠는가!

동시에 가나에서의 기적은 자신의 사명에 대한 예수의 이해를

강화시켰고, 그로 하여금 하나님을 더욱 더 대담하게 신뢰하며, 자신의 판단과 분별력을 보다 더 신뢰하고, 하나님의 이름으로 기적적인 일들을 행할 수 있는 능력을 확신하게 해 주었다. 그 일은 예수가 그의 참 자아의 가치를 볼 수 있도록 그리고 하늘 아버지가 그를 보낸 사명을 이해할 수 있도록 도와주었다: 하나님의 계시자와 계시가 되도록 하기 위해.

이는 또한 우리 자신의 삶 가운데에서도 마찬가지이다. 우리가 우리의 참된 자아들을 살아 활동하게 하면 할수록 그리고 우리가 더욱 더 하나님이 의도하신 사람이 되어갈수록, 삶으로 지켜온 소명의 극적인 효과들이 더욱 분명케 된다. 아버지로서 자신의 소명을 온전히 수용한 아버지는 더 나은 아버지가 되고, 그의 자녀들을 더욱 더 사랑하게 된다. 마찬가지로 어머니는 더 나은 어머니가 된다. 의사는 더 나은 의사가 된다. 친구는 더 나은 친구가 된다. 그리고 기독교인은 더 나은 기독교인이 된다.

복음서 이야기들이 전개되어 갈수록, 예수가 그의 사명과 정체성에 대한 확신 가운데 성장하고 있는 것을 보게 된다. 예수의 기적들은 자신과 사명에 대한 그의 확신의 척도로서, 성부 하나님과 맺고 있는 예수의 관계로부터 흘러나온다. 그 외 다른 구절들 속에서도 이 자신감은, 마태와 마가와 누가의 복음서들에 실려있는 한 이야기에서처럼, 거의 책장에서 튀어 나오는 듯이 분명하게 드러난다.

"주님, 만일 당신이 택하신다면, 저를 깨끗케 하실 수 있습니다"라고 한 나병 환자가 말한다.

"내가 정녕 선택하리라. 깨끗케 되라!"고 확신에 차서 예수는 말한다.

자신이 사목하는 내내 예수는 자신의 사명과 자신의 참 자아에 대한 인식 가운데 계속해서 성장해 갔다.

자신의 지상 목회가 끝을 향하여 달려갈 때에 예수는 무엇이 이루어져야할 필요가 있는지 분명하게 볼 수 있었다. 이때쯤 그는 자신의 정체성과 사명을 보다 전적으로 수용하고 있었다. 그러나 최후의 시험 하나가 남아 있었다: 그의 수난이 시작되기 바로 직전 게세마네 동산에서 그가 보낸 시간. 생의 마지막이 가까워 오면서, 그는 자신의 사명을 완전히 수용할 수 있는지 여부와 씨름하고 있었다. "만일 할 만하시거든 이 잔을 내게서 지나가게 하옵소서"라고 말하면서, 그는 고난이 하나님이 의도하신 것이 아니기를 바라고 있었다 (마태 26:39).

그러나 기도와 숙고를 통하여 자신에게 임박한 고난은, 그것이 무엇이 되든지 간에, 지금 이 순간 하나님이 자신에게 부탁하시고 계신 것이라고 여기게 되었다. 그것이 자신의 삶의 현실적 일부임을 깨달았다. 그리고 고난의 잔을 수용하면서 예수는 전적으로 그리고 결정적으로 자신의 정체성을 수용한 것 같다. 그의 삶과 사명은, 우리 모두의 삶과 소명들이 그러하듯, 고난을 일부 포함한다. 그 동산에서 예수는 이 인간의 본질적인 진리를 수용한 것이다.

그러자 예수는 완전히 자유하게 되었다. 그 동산에서 체포되면서, 가장 친한 친구들 중 하나에게 배신을 당하는 순간에도 그는 동요하지 않았다. 대제사장의 호위병들 중 한 명을 베드로가 공격하는 것에 대응하여, 예수는 조용히 그 사람을 치유하고, 제자들에게 자신의 길에 대한 평화로운 수용을 지시한다. 빌라도의 물음에 대면하여, 그는 자신을 변호할 기회조차 스스로 받아들이기를 거절했다. 사실 그는 수난 받는 동안 대부분 침묵했다. 그리고 십자가를 짊어지고 죽음을 향하여 나아가면서도, 그는 자신의 참 자아를 받아들이는데 확고했는데, 그 자아는 고난과 죽음을 삶의 일부로 포함하고 있던 자아였다. 그의 십자가 처형은 철저히 인간적인 행위가 되었는데, 죽는 것이 그가 행한 아마도 가장 인간적인 일이기 때문 만이 아니라, 그의 참 자아의 전체성에 대한 그의 위대한 "긍정"(yes)의 결과였기 때문이다.

나는 예수가 죽은 자로부터 일어날 것을 확실하게 알고 있었는지 언제나 의아했다. 이제 내가 전적으로 틀렸을지도 모르지만 그러나 예수가 완전한 믿음 안에서 자신의 삶을 살고 그리고 자신의 사명에 대한 수용과 아버지에 대한 그의 복종으로부터－과거에 언제나 그랬듯이－놀라운 어떤 것이 도래할 것이라는 사실을 신뢰하면서도, 그는 이것이 정확히 무엇을 의미할지 알지 못했다.

복음서 안에는 이에 대한 징조들이 있다. 심지어 십자가에 달린 동안도, 비록 자유로운 결정으로 스스로를 자신의 사명에 내어주었을 지라도, 그는 고통과 혼돈 가운데 절규했다, "나의 하나님, 나의 하나님, 어찌하여 나를 버리셨나이까"(마태 27:46).

예수가 자신의 미래에 대하여 무지했었을 가능성은 인간적 삶의 실재를 수용한 그의 행위를 더욱 의미 있게 만들 수 있다. 예수는 하나님을 완전히 신뢰했고, 자신의 참 자아가 됨으로서, 상상할 수 없는 고통의 한 복판에서 조차, 자신이 다른 이들에게 새 생명을 가져다 줄 것을 알고 있었다. 그리고 아마도 그의 참 자아가 마침내 그의 모든 광휘와 영광 중에 드러나던 첫 번째 부활절 날 아침이 오기까지, 예수는 심지어 이 새 생명이 무엇일

지조차 알지 못했다. 하나님이 그에게 주신 그 새 생명에 심지어 그 조차 놀랐다고 생각해보면 놀랍기만 하다. 엘리자베스 존슨의 아름다운 문구를 빌리자면, 겨우 그때에야 "그의 궁극적 정체성이 모두 선명하게 그 자신 위로 작열하였다."

그리스도의 삶은 기독교인의 삶을 위한 핵심 은유이다. 예수가 자신이 누구였는지, 그가 무엇을 해야 하는지 그리고 그가 그것을 어떻게 해야 하는지를 이해하는 방식은 참 자아를 찾아가는 기독교인의 여행을 위한 은유이다. 우리 모두는 우리 자신의 참 자아를 깊이 성찰하도록, 우리 소명들의 실재를 수용하도록 그리고 하나님이 우리의 참 자아들을 다른 사람들을 위한 새 생명의 근원으로 변혁시키시도록 부름받았다. 그것은 긴 여정이고 평생 가야할 여행이지만, 그러나 우리는 홀로가지 않는다. 우리는 공동체의 다른 지체들의 후원을 받고 있고, 우리에게 영감을 제공하는 성령이 있고, 성부 하나님의 사랑이 있고 그리고 모든 것들 중 가장 참된 자아인 예수 그리스도의 우정이 우리에게 있다.

제 7 장

성인 되기

예수회에 입문한 이후 내가 배웠던 가장 중요한 통찰은 하나님은 우리들 각자를 우리 자신으로(to be who we are) 부르신다는 사실이다. "나에게 성인이 된다는 것은 내가 내 자신이 된다는 것을 의미한다"고 토마스 머튼은 말했다. (이 말을 인용하는 것은 이번이 마지막임을 약속한다: 지금 쯤 독자들은 이 말을 이미 외웠을 거라 짐작한다!) 결과적으로, 거룩함은 하나님이 창조하신 그대로의 모습에 충실하게 되는 것을 뜻한다. 다른 말로 표현하면, 거룩함이란 당신이 참된 자아가 된다는 것이다. 나사렛 예수의 삶 이외에, 그 거룩함에 대한 최고의 예증들은 바로 성인들의 삶들 속에서 찾아볼 수 있다.

많은 독자들이, 이 말을 들을 때, (내적으로 혹은 외적으로) 신음 같은 탄식소리를 낼 수도 있겠다는 생각이 든다. 왜냐하면 불행히도 많은 이들에게 성인들의 삶이란 무척 경건하지만 우리에게는 부적합한 전설적인 이야기들로 간주되고 있기 때문이다. 기본적으로 대리석상들이나 스테인드글라스 창문들을 통해 알려지는 인물들과 관계를 맺기란 거의 불가능할 것이다. 말하자면, 까르멜 수도회의 관습을 따라 장미 꽃 다발을 들고 하늘 쪽을 쳐다보며, "작은 꽃"(the Little Flower)이라 일컬어지는 리지외(Lesieux)의 성 테레즈(Saint Thérèse)의 조각상을 쳐다보며, "그게 내 삶과 무슨 관계가 있지?"라는 생각을 하는 것은 드문 일이 아니다.

성인들도 인간들이었다는 사실을 기억하는 것이 중요하다. 이는 곧 그들이 (빈번히) 죄지었다는 것, (때로) 의심했다는 것 그리고 (우리가 생각하는 것보다 훨씬 더 자주) 올바른 일을 하고 있는가 하고 의아해 했다는 것을 의미한다. 누구나 그렇듯이, 성인들은 자신들의 거짓된 자아들의 흔적들을 벗어 던지고, 하나님이 그들로 하여금 되기를 바라셨던 모습의 사람이 되고자 분투하였다.

나는 "성인들"이란 용어를 가급적 가장 넓은 의미로 사용하고자 한다: 단지 교회에 의해서 "성인으로 공표"된 사람들(말하자면, 공식적으로 선포된 성인들이면서 공공의 추앙을 받을만한 사람들)뿐만이 아니라, 공식적으로 아직 그렇게 인정되지 않았을지라도 거룩한 형제와 자매들도 해당된다고 믿는다. 하지만 그 용어를 이렇게 사용하는 것은 전례를 갖고 있다. 예를 들어, 성 바울은 동일한 용어를 자신의 사역 초기 동역자들을 가리키는데 사용했다. 한 서신은 "에베소에 있는 성인들[1])에게"라는 말로 시작한다 (엡

1:1). 다른 서신에서, "고린도 안에 있는 하나님의 교회에게"라고 말하면서, "온 아가야에 있는 모든 성인들을 포함하여"라는 말을 덧붙인다 (고후 1:1).

자신들의 삶의 어느 시기에, 각 성인들은 하나님이 자신들을 특정한 길로 충실하도록(faithful) 부르시고 계시다는 사실을 깨달았다. 성인들은 다른 상황과 시대에 놓여 있었다. 각각은 다른 인격을 지녔고 그리고 삶에 다르게 대처하고 있었다. 그리고 각각은 조금씩 다르게 하나님과 관계하고 있었다. 믿기 힘들 만큼 다양한 성인들이 있음을 생각해 보라. 그렇지만 나는 그들이 언제 살았고, 무엇을 했고, 어디 출신이고 혹은 그들이 어떤 언어로 말했고 하는 식의 다양성을 단순하게 말하는 것이 아니다. 보다 기본적인 어떤 것을 말하는 것이다: 그들은 누구였고 그리고 그들은 거룩함에로 나아가는 자신들의 소명을 어떻게 살아갔는지를 말하는 것이다.

몇몇 예를 들어보자: 비록 소개할 두 사람의 삶은 하나님 안에 뿌리와 근거를 두고 있지만, 토마스 머튼의 삶에 대한 접근은 16세기 로마에 살았던 예수회 청년 성 알로이시우스 곤자가(Saint Aloysius Gonzaga)의 삶과는 거의 닮지 않았다. 머튼은 생의 끝날까지 자신의 정주 맹세, 수도원에서 그의 자리 그리고 트라피스트 수도사로서 그의 소명을 계속해서 의문시하고 있었다. 다른 한편으로 귀족 출신의 알로이시우스 곤자가는 자신이 하고 싶어 하는 것을 어린 시절부터 정확히 알고 있었던 것처럼 보인다 –

1) 역자 – 개역개정 성경은 "성인들"(saints)라는 표현을 "성도들"이라는 말로 번역하였다. 개신교 전통에서는 "성인"을 두고 있지 않기 때문에 할 수 없이 이루어진 번역이라 여겨지지만, 본서의 맥락에서는 '성인'이라는 단어로 번역해야 용어 상 혼동이 없을 것 같아 '성인'으로 번역한다.

즉 예수회의 일원이 되는 것 말이다. 젊은 시절, 알로이시우스는 예수회 수사 수련에 입문하는 것을 허락하도록 아버지와 형제들을 설득하느라, 그들과 싸우다시피 해야 했다. 머튼은 단지 자신과 싸웠을 뿐이다. 머튼의 소명은 언제나 흔들리는 듯 보인다. 알로시우스의 소명은 결코 그런 적이 없다.

혹은 프랑스 까르멜회 소속 리지외의 성 테레즈와 사회정의를 주창하던 미국인 사도이면서 가톨릭 노동자 운동(the Catholic Worker movement)의 설립자인 도로시 데이(Dorothy Day)를 생각해 보자. 테레즈는 하나님이 수녀원의 벽 뒤에서 격리된 삶을 보내도록 그녀를 부르셨다고 깨달았던 반면, 도로시 데이는 그녀를 향한 초대장은 "바깥"에서 삶을 보내면서, 대도시들의 가난한 자들 사이에서 일하는 것으로 이해했다. 그러나 그 두 사람은 그들 자신의 길들과는 다른 존귀한 길들을 인정했다. 예를 들어, 테레즈는 베트남에서 일하고 있는 가톨릭 선교사들을 존중했다. 그리고 도로시 데이도 테레즈를 존중했다.

교황 요한 23세는 자신의 책 『영혼의 일기』(*Journal of a Soul*)에서 이러한 생각을 명상하고 있는데, 이 책은 그가 신학교 시절부터 거의 죽을 때까지 간직하고 있던 자서전적인 글들을 주제별로 엮은 책이다. 그는 1907년 1월 우리는 성인들의 삶의 "실체"(substance)를 우리 자신의 삶 속으로 담지해내야만 한다고 적고 있다. "나는 성인 알로이시우스가 아니며, 또한 내가 그 성인의 고유한 방식으로 거룩함을 추구해야만 하는 것도 아니다." 계속해서 적기를, 우리들 중 그 누구도, "얼마나 완벽하든지 간에, 어떤 모델의 건조하고, 생동감 없는 재현이 되도록 의도되지는 않았다." 오히려, 우리는 성인들의 본들을 따라, 그 삶의 본들을 우리 자신의 삶들에 적용하도록 의도되었다고 교황은 적고 있다. “만일 성인 알로이시우스가 나였다면, 그는 다른 방식으로 거룩했을 것이다”고 결론짓는다.

다른 방식으로 거룩하다. 모든 사람의 참 자아는 하나님 자신의 특별한 피조물이고, 존귀함으로 나아가는 길은 하나님이 우리에게 바라시는 그 특별한 자아가 되는 것이다.

기독교인이 되는 다양한 방식들의 가장 최초의 예는 처음 제자들의 부르심에서 찾아볼 수 있다. 성서학자 윌리엄 바클레이(William Barclay)는 자신의 매일 성경 연구 시리즈에서 왜 나사렛 예수는 그의 처음 제자들 중 어부들을 선택했을까에 대하여 도발적인 통찰들을 제공하고 있다. 훌륭한 어부는 참을성이 있고, 용감하며, 끈기 있고, 고기에게 미끼를 물리는 방법을 알며, 안보이게 머물러 있는 방법을 알고 있는 등의 이유들 때문이다. 이것들은 모두 제자가 되기에 훌륭한 자질들이다.

갈릴리의 단순 소박한 어부들은 아마도 솔직하고, 또한 직설적이고 실용적이며, 터무니없는 것을 참아내지 못하는 성격들일 가능성이 높다. 앞에서 필자가 언급한 연극 <유다의 마지막 날들 *The Last Days of Judas Iscariot*>은 성인 베드로의 감동적인 독백을 담고 있는데, 그는 자신의 형제 안드레가 메시야의 도래에 관하여 끊임없이 말했던 것을 기억한다. 실용적인 어부였던 베드로는 이 정신 나간 백일몽의 어느 한 부분도 견뎌낼 수 없었다.

“이봐 친구”라고 말문을 열며, 베드로는 “네 메시야가 당장 내려와서 저 빌어먹을 고기들을 잡도록 돕지 않을 바에야, 망할 놈의 입 닥치고 저 빌어먹을 그물이나 정신 차리고 똑바로 쳐다보라구"라고 말한다.

자신의 독백 후반부에 베드로는 예수를 만난 것을 기억해 내는데, 예수는 밤새 고기잡이에 실패하고 돌아온 베드로에게 다시 바다로 돌아가기를 명한다. 예수가 다시 그물을 던지라고 권했을 때, 베드로는 비웃었지만, 그러나 어쨌든 그렇게 했다. 그러자 베드로는 예수와 함께 하는 삶이 무엇을 의미할 지를 맛보게 된다: "내가 말할 수 있는 전부는 난 고기를 잡아 파는 전문 어부야," 라고 베드로는 말을 이어간다. "그 누구도 나보다 더 바다와 조수를 잘 알지 못해 거기엔 물고기가 한 마리도 없었는데.... 그런데 ... 그 없던 고기들이 결국 모두 내 그물에 걸렸단 말이지."

예수는 아마도 이 극 속에서 각색된 베드로가 예증하는 자질들 때문에 어부를 선택하셨을 것이다. 그러나 그것은 제자들 중 몇몇을 선택한 이유를 설명할 따름이다. 제자들 중 겨우 넷만이 어부였다. 그 외 다른 사람들을 선택하신 이유는 무엇인가? 왜 예수는 하필 세리와 종교적 열심당원 그리고, 제자들의 범위를 좀 넓혀 말한다면, 악명 높은 죄인들을 부르신 것일까?

예수는 각 제자가 그 공동체에 고유하게 기여할 수 있는 능력을 유념했다는 것이 한 이유일 것이다. 그때나 지금이나 교회의 통일성은 다양성을 망라한다. 성 바울이 적기를, "은사는 여러 가지나 성령은 같고 ... 각 사람에게 성령의 나타남을 주심은 [공익the common good을 위함이라][2) ....] 몸은 하나인데 많은 지체

2) 역자 주 – 개역개정은 이 부분을 "유익하게 하려 하심이라"고 번역하고 있는데, 마틴이 인용하는 영서 성서 본문은 "the common good"을 사용하고 있어서 영어 본문에 맞게 고쳐서 번역한다.

가 있고 몸의 지체가 많으나 한 몸임과 같이 그리스도도 그러하니라" (고전 12:4, 7, 12). 우리들 모두는 각자 독특한 어떤 것을 식탁으로 가져와, 우리 자신의 은사들을 통해, 우리 각자의 방식으로 거룩함을 드러내어, 보다 큰 공동체를 생명력 있게 만들어 간다. 우리는 다른 사람들이 할 수 없는 방식으로 "하나님 나라"를 지어가는 일을 돕는다. 테레사 수녀(Mother Teresa)는 이 깨달음을 그녀의 가장 유명한 말씀 속에서 포착해 주고 있다: "당신은 내가 할 수 없는 어떤 것을 할 수 있습니다. 나는 당신이 할 수 없는 것을 할 수 있습니다. 우리 함께 하나님을 위해 아름다운 어떤 것을 해 나갑시다."

이 다양성은 인간의 욕망이 담지한 역할로부터 나오는 자연스런 소산인데, 영적 삶에서는 그의 자리가 흔히 간과되곤 한다. 간단히 말하자면, 성인들은 다른 욕망들을 갖고 있었고, 그 욕망들이 그들을 다른 방식들로 하나님을 섬기도록 나아가게 만들었다. 그러한 욕망들은 그들이 행한 일에 영향을 미칠 뿐만 아니라, 그들이 되어갈 자신의 모습, 즉 그들의 참 자아들에 영향을 미친다.

이 자연적 성향들은 하나님이 다양한 자리에서 다양한 양식으로 자신의 일을 성취해 나가시는 방식들이다. 내가 신학을 공부하던 시절, 우리 예수회 공동체는 거실에 작은 포스터를 걸어놓고 있었는데, 네 수도회들의 창시자들에 대한 짧은 말씀이 거기에 적혀 있었다:

> Bernardus valles,
> Colles Benedictus amavit,

Oppida Franciscus,
Magnas Ignatius urbes.

번역하자면,

버나드는 계곡들을 사랑했고,
베네딕트는 언덕들을 사랑했고,
프란시스는 작은 마을들을 사랑했고
그리고 이그나티우스는 큰 도시들을 사랑했다.

이들 네 성인들 각각은 자신의 욕망들과 선호하는 것들에 적합하게 자신들의 근거지를 찾았고, 거기서 그 자신의 특별한 일을 성취하고자 나아갔다. 그들의 개인적 욕망들이 그들의 사명들을 형성하였다. 예를 들어, 예수회의 창설자인 이그나티우스 로욜라는 자그마한 마을에서 (있었다면) 자신의 야심찬 계획들이 좌절되는 것을 느꼈을 것이다. 그리고 가난한 자들의 사도, 아시시의 프란시스는 로마의 바쁜 사무실에서 거대한 종교 수행단체를 운영했다면 미쳐버렸을 것이다!

하나님은 기본적으로 우리의 욕망들을 통하여 우리의 사명들을 일깨우신다. 예를 들어, 한 남자와 한 여자는 욕망으로부터 함께 사랑하게 되고 그래서 결혼한 쌍으로서 자신들의 사명을 발견하게 된다. 욕망으로부터 남편과 아내는 아이를 창조하고, 그렇게 부모로서 자신들의 사명을 발견하게 된다. 욕망은 성인들의 삶속에서도 유사한 방식으로 작용하는데, 성인들을 특정 유형의 일들로 이끌어가고, 특별한 사명들을 불러 일으키고 그리고 특정한 스타일의 거룩으로 인도한다. 헨리 나우웬은 사제가 되었다 왜냐하면 그것을 욕망했기 때문이다. 리지외의 테레즈는 수녀원에 입문했다. 그것을 욕망했기 때문이다. 도로시 데이는 가톨릭 교회에 입문했다. 그것을 욕망했기 때문이다. 궁극적으로, 사람의 가장 깊은 욕망들이 그를 하나님께로 이끌어가고 그리고 세상을 향한 하나님의 욕망들의 성취에로 이끌어간다.

이 통찰은『7층 산』에서 내가 가장 좋아하는 문장들 중 하나에 숨겨져 있다. 세례 후 곧 토마스 머튼은 친한 친구 밥 랙스(Bob Lax)와 이야기하고 있었다. 머튼은 그 친구에게 자신은 훌륭한 가톨릭이 되기 원한다고 말했다. "네가 말해야 마땅한 것은," 그 친구가 대답하기를, "넌 성인(a saint)이 되기를 원한다라는 말이다." 머튼은 그 이야기의 나머지를 다음과 같이 설명한다.

> 성인? 그 생각이 내 마음에는 조금 괴상망측하게 부딪쳐 왔다. 나는 말하기를:
>
> "어떻게 내가 성인이 되기를 기대하지?"
>
> "그러기를 원함으로,"라고 랙스는 간단히 말하면서 .... "성인이 되기에 필요한 모든 것은 그렇게 되기를 원하는 거야. 하나님이 창조하신 의도대로 네가 될 것을 믿지 않니? 만일 그분이 하시도록 네가 동의했다면 말이야. 네가 해야만 할 것은 그것을 욕망하는 거야."

다음날 머튼은 그의 멘토(mentor)이자 컬럼비아 대학의 존경받는 영어학 교수인 마크 반 도렌(Mark Van Doren)과 이야기를 나누면서, 그와 나누었던 혼돈스런 대화를 언급했다. 반 도렌의 대답은 직설적으로 머튼의 마음을 다스려주는 대답이었다.

> "사람이 성인이 되기 위해 필요한 모든 것은 성인이 되기를 원하는 것이라고 랙스는 모든 사람에게 말하며 돌아다니고 있어요."
>
> "당연하지,"라고 마크는 말했다.

이 개인적인 욕망들과 성향들을 따라, 각 성인들은 각자의 고유한 성스러움으로 나아갔다. 13세기 위대한 신학자인 토마스 아퀴나스가 말하듯, 은혜는 자연을 기반으로 구축된다. 16세기 이그나티우스 로욜라는 하나님을 따르기 위해 군인으로서의 이력을 그만두었지만, 15세기 프랑스에서 잔다르크(Joan of Arc)는 하나님을 따르기 위해 군인이 되었다. 도로시 데이는 복음을 퍼뜨리기 위해 신문사를 세웠지만, 루르드(Lourdes)의 유명한 환상선지자 베르나데따 수비루(Bernadette Soubirous)는 그녀의 이야기가 인쇄되어 알려진다는 생각에 무서워 움츠러들었다. 토마스 아퀴나스는 평생을 책으로 둘러싸여 살았지만, 아시시의 프란시스는 그의 수도사들에게 교만해지지 않도록 심지어 한권도 소유하지 말라고 말했다. 욕망의 다양성은 하나님에게로 나아가는 길들의 다양성을 가리킨다.

그러나 이 다양성은 문제를 안고 있다; 그것은 말하자면, 우리 자신과는 다른 사람의 길의 진가를 알아보는데 따르는 도전이다. 성인들은 이것을 파악하고 있었지만, 그 나머지 우리들에게 그것은 오히려 장애로 다가오기가 쉽다. 만일 당신이 선천적으로 적극적인 사람이라면, 앉아서 명상하는 삶에 대하여 의아해 할 것이다("할 일이 그렇게 많은데 고작 기도가 전부?"). 만일 당신이 명상적 취향의 사람이라면, 활동가의 정신없이 분주한 삶에 물음표를 붙일 것이다("하나님이 원하시는 것은 단지 당신이 기도 중에 하나님과 함께 하는 것인데, 그 모든 활동은 무슨?"). 성 베드로가 성 바울을 쳐다보며, "내가 저 바리새인 출신하고 동역해야 한단 말이야?"라고 혼자 투덜거리며 말하고 있는 장면을 쉽게 이해할 수 있을 것이다.

만일 우리가 우리 자신의 제자도의 길을 확신하지 못한다면, 다른 사람의 고유한 제자도의 길을 받아들이기가 특별히 어려울 수 있다. 그러한 오해는 기독교 공동체 내에서 의견불일치로 그리고 심지어는 다툼과 분규로 이어질 수 있다. 심지어 성인들조차 — 대개 강경하게 — 서로 의견대립을 했었다는 사실을 기억하는 것이 위로가 될 것이다. 성인들 사이의 다툼은 사실 기독교회의 공경할만한 전통으로서, 베드로와 바울에게까지 소급되어 올라간다. (이보다 더 공경할만한 것을 찾을 수 있을까?) 미국 가톨릭에 관한 폴 엘리(Paul Elie)의 책 『당신의 구원은 당신 자신만의 것』(*The Life You Save May Be Your Own*)에는 이를 멋지게 묘사하는 보다 현대적인 예가 있다.

엘리는 도로시 데이가 1957년 조지아를 방문한 이야기를 말한다. 다인종 농업 협동조합인 코이노니아(Koinonia)는 약 60명의 흑인들과 백인들로 구성되어 있는데, 주변 마을 사람들은 그 인종통합 공동체를 집요하게 훼방하고 있었다. 곳간은 방화되었고, 집들은 총격을 받았다. 뉴욕에서 버스로 긴 거리를 여행한 후 도착한 도로시를 괴롭히기 위해 그녀가 도착하자마자 성난 이웃들은 총질을 해댔다. 뉴욕으로 돌아오는 길에 그녀는 조지아에서 머무르며 겪은 일에 대하여 『가톨릭 노동자』(*The Catholic Worker*)에 일련의 감동적인 기사들로 연재하였다.

오늘날 대부분의 독자들은 그 이야기를 보고, "도로시 영의 또 다른 성스런 활동!"이라고 말할 것이다. 그러나 헌신적인 가톨릭 교인이면서 소설가로서 인생의 대부분을 조지아에서 보내면서 인종 문제에 대하여 예민한 글들을 써왔던 플래너리 오코너

(Flannery O'Connor)는 그 사건의 이면을 보고 있었다. 그녀는 도로시의 태도가 교만했다고 생각했는데, 도로시는 마치 조지아에 있는 그 누구보다 더 어떤 일을 해야 할지 잘 알고 있는 듯 행동했다고 한다. 폴 엘리가 적고 있듯이, 플래너리 오코너는 그녀가 사는 군의 뉴스가 "북동부 쪽의 방식으로"[3] 전달되면서 이렇게 느끼게 되었다고 한다.

친구에게 보내는 편지 속에서 오코너는 더 퉁명스러웠다: "만일 그녀가 '만인을 위한 그들의 삶의 길'(Their Way of Life for Everybody)에 매달리지만 않았더라도, 만사가 괜찮았을 것이다." 비록 도로시 데이를 존경하긴 했지만, 오코너는 "그 주제에 관한 내 기억들 모두 추하고 몰인정하다 – 말하자면, 그건 와서 총 맞기에는 엄청나게 먼 길이었다."

다른 말로, 도로시 데이와 플래너리 오코너는 그들 자신만의 거룩함의 스타일을 갖고 있었을 뿐만 아니라, 이 일의 경우, 그들은 세상에서 하나님의 손을 바라보는 대립적인 방식을 갖고 있었고, 따라서 그들에게 요구되는 것에 대하여 다른 이해를 갖고 있었다. 그들은 그들 자신의 방식대로 자신들의 제자도를 행했다: 도로시 데이는 언론활동과 적극적 활동을 통하여, 플래너리 오코너는 소설들을 쓰고 늙으신 어머니를 돌봄으로서(그리고 그녀의 공작 떼들 역시 돌봄으로서) 나름대로 제자도를 수행한 것이다.

그러면 이 다양한 것들을 함께 엮어주는 것은 무엇인가? 무엇

3) (역자) 전통적으로 미국 북동부의 주들은 인종 문제를 대하는 태도와 자세가 남부의 주들과는 달랐다. 여기서 "북동부의 방식으로"라는 말은 이러한 미국 내 정서의 차이를 가리키는 것이다. 미국 북동부의 13개 주들은 공간적으로 차지하는 면적은 협소하지만, 그러나 미국 독립전쟁 당시부터 있었던 독립전쟁의 핵심 주들이었다는 자부심이 대단하다.

이 성도들의 교제(communion of saints)를 (진정한) 교제로 지켜주는가?

기독교 성인들의 삶 속에 드러나는 통일성은 예수 그리스도를 향한 그들의 헌신에 근거한다. 자신들 선생님의 판단을 신뢰했던 초대교회 제자들의 경우처럼 대체로, 하나님은 우리와는 상당히 다른 사람들을 우리는 알 수 없는 이유들로 부르신다. 예수회 사람으로서 나는 다른 예수회의 찬양들을 노래하는 사람들을 빈번히 만나는데, 그 찬양들은 너무 조용하거나 너무 지적이거나 아주 경박해서 무슨 은혜가 되는지 모르겠다고 느낄 때가 있다. 하지만 그것은 우리를 함께 부르시고, 사명으로 우리를 보내신 그분의 지혜에 대한 암시이다.

아마도 그 성질 괴팍한 제자들을 함께 붙들어 놓은 것은 실상 예수 자신이었을 것이다. 예수가 그들의 불화를 해결하였기 때문이 아니라, 그들이 예수를 근본적으로 신뢰하였기 때문이다. 그들은 스스로 이런 말을 했는지도 모른다, "네, 주님, 난 저 녀석을 정말 싫어하고, 진짜 저 녀석을 이해하지 못하겠지만, 그러나 주님이 저 녀석이 우리의 일원이라고 말씀하신다면, 제겐 그걸로 충분합니다."

그러나 여기에 중요한 점이 있다: 심지어 성인들과 거룩한 사람들조차도 그들 자신만의 거룩함의 지표를 실현하기 전에 어렵고 심지어 고통스러운 도전들에 직면했다. 어떤 이들은 자신들의 소명을 진정으로 이해하기 까지 오랜 동안 사투를 벌였다. 언급했듯이, 토마스 머튼은 그 자신의 참 자아로 살아가기 전 자신의 거짓된 자아의 "붕대들"(bandages)을 벗어버리고자 수년을 노력하면서 보냈다. 헨리 나우웬 역시 54세가 될 때까지 라르슈의 지체장애우들 사이에서 자신의 자리를 찾지 못했고, 그의 안식처를 찾아 방황했다.

어떤 성인들은 그의 사명들을 수용한 이후에도 극복하기 어려워 보이는 역경들과 마주했다: 알로이시우스 곤자가는 비록 예수회 사람으로서 자신의 사명에 대하여 확신했지만, 유력한 귀족이었던 아버지를 먼저 설득해야 했는데, 아버지는 예수회에 입문하기 원하는 그를 매질로 위협했었다. 토마스 아퀴나스의 어머니는 토마스가 도미니크 수도회에 입문하지 못하도록 그의 형제들을 보내 토마스를 추적했다. 어느 날 길에서 토마스를 불러 세워, 강제로 붙잡아 와, 그의 마음이 바뀌기를 바라며, 2년 동안 가족의 성채에 투옥하였다. (물론 그는 마음을 바꾸지 않았다.)

자신들의 깊숙한 욕망들이 좌절되었음을 보여주는 이야기들이 성인들의 삶의 이야기들 가운데에는 놀랍만큼 많이 있다. 말하자면, 그들은 자신들이 되고자 원하는 바의 사람이 되지 못한 것처럼 보인다. 1858년 루르드의 동굴에서 저 유명한 환상들을 본 후, 여자 양치기로서 자신의 낡은 삶을 지속하기를 원했던 베르나데따 수비루는 그녀에게 특별한 악의를 갖고 있지 않던 감목(pastor)에 의해 수녀원에 강제입회 당했다. (미래의 성인이 될 사람이 여자 목동이 되기를 원했다는 것－심지어는 최악으로 아마도 결혼하기를 원했다는 것－은 당시의 종교인들이 가장 질색하는 일이었다.) 몇 년 후 까르멜 수녀원에서 리지외의 테레즈는 사제로 서품 받고 싶다는 그녀의 열렬한 욕망을 그녀의 책 『영혼의 이야기』(*Story of a Soul*)에서 고백한다: “난 내안에서 사제로서의 소명을 느껴요”라고 그녀는 적고 있다. 물론 그런 일은 그녀의 평생 동안 일어나지 않았다. 토마스 아퀴나스 또한 생의 말기에 대수도원 구내에서 은둔자가 되는 허락을 받기 전까지 혼자만의 시간을 가질 기회를 보다 더 갖지 못해서 계속적인 좌절을 마주쳐야 했다.

다른 말로 표현하자면, 자신의 참 자아를 찾는 것은 길고, 힘이 들고 그리고 심지어 혼동스런 여행이다.

그럼에도 불구하고, 이 고통스런 영적인 시험들을 통하여, 그들은 심지어 삶이 그들 앞에 놓아둔 장애물들과 좌절의 한 가운데서 조차 하나님이 그들로 하여금 나아가라고 부르시는 길들을 놓고 계속해서 기도하였다. 사제가 될수 없었음에도 불구하고, 테레즈는 여전히 거룩함 속에서 성장하였다. 결혼할 수 없었지만, 베르나데따는 여전히 거룩함 속에서 성장하였다. 안정감을 찾지 못했음에도 불구하고, 나우웬은 여전히 거룩함 속에서 성장하였다. 자신이 갈망하던 고독을 가질 수 없었음에도 불구하고, 머튼은 여전히 거룩함 속에서 성장하였다. 그들의 낙심들 가운데에서 하나님은 여전히 그들로 하여금 자신들의 참된 자아로 더 다가갈 수 있도록 인도하셨다.

이쯤에서 당신은 여전히 이렇게 생각하고 있을런지도 모른다, "글세 난 방금 언급되었던 사람들 중 어느 누구와도 같지 않다. 나는 도로시 데이처럼 사회운동가도 아니고 토마스 머튼처럼 명상가도 아니며 헨리 나우웬같은 작가도 아니며, 테레사 수녀처럼 수도회의 창시자도 아니고 아시시의 프란시스처럼 비전을 지닌 인도자도 아니며 베르나데따 수비루처럼 진짜 환상가도 분명히 아니다. 거룩함은 나를 넘어 있다. 나의 참 자아는 존귀함을 의도하지 않았다.”

그러나 난 그에 동의하지 않는다. 존귀함(sanctity)은 우리 모두를 위한 하나님의 목적, 우리의 목적(telos), 우리의 종착점이다. 테레사 수녀가 말하듯, “거룩함은 소수를 위한 사치품이 아니다. 그것은 모든 사람의 의무이다; 당신의 의무이고 나의 의무이다.” 이는 상당히 추상적인 언질이므로, 좀 더 구체적으로 이야기해 보자.

거룩함을 향한 모든 사람의 부름(call)에 대한 강조에도 불구하고, 많은 기독교인들은 여전히 존귀함이 베드로나 막달라 마리아처럼 오래전에 죽은 사람들이나 혹은 헨리 나우웬이나 리지외의 테레즈나 토마스 머튼같은 전문적인 종교인에게만 해당되는 것으로 믿고 있다. 또는 초대 기독교의 순교자들처럼 신앙을 위해 죽은 사람들에게만. 혹은 라르슈 운동의 창시자인 장 바니에(Jean Vanier)처럼 가난한 자를 돌보기 위해 그 혹은 그녀의 전체 삶을 헌신하는 부모와 같은 마음의 비범한 평신도에게만 해당된다고 믿는다. 그래서 일상 삶 속에서 거룩한 사람이 된다는 생각은 많은 사람들에게 낯선 것으로 다가온다.

당신이 결혼한 젊은 여성으로서 4세와 6세의 자녀를 가졌다고 가정해 보자. 이른 아침 알람시계가 당신을 흔들어 깨울 때, 전날의 일로 여전히 피곤해 있는 당신 자신을 느낀다. 언제나처럼 당신의 두 자녀들은 이미 깨어있다. 한 아이는 눈을 뜨자마자 울어 제친다. 나쁜 꿈을 꾸었기 때문이다. 이미 다른 아이는 물 달라고 부르고 있고, 또 어젯밤 침대에서 던져버린 자기가 좋아하는 동물 인형을 갖다 달라고 칭얼댄다. 당신의 남편이 업무 차 출장으로 집에 없어서, 그 날 아침 아이를 돌보는 일을 도와 줄 수 없다고 가정하자. 또한 당신도 마찬가지로 일을 하고 있는 여성이고, 그래서 사무실에서 또 다른 바쁜 날을 보내러 떠나기 전에 아침을 만들어 먹이고 아이들 학교 갈 준비를 해야만 한다고 가정하자.

침대에 잠깐 누워 천장을 바라보며, 오늘 가족들을 위해 해야만 하는 모든 일들, 사무실에서 직장 상사를 위해 해야만 하는 일들을 생각하지만, 그 중 어느 것도 당신 자신을 위해 할 수 있는 일은 아니다. 오늘 해야만 할 필요가 있는 일들의 절반이나마 어떻게 해낼 수 있으려는지 스스로 의아해 하고 있다. 때로 이 이른 아침에 맞이하는 순간들 중에 기도나 명상 같은 것들을 위한 시간을 가질 수 없다는 사실에 당신은 탄식한다. 당신은 보다 경건하고 보다 종교적인 삶을 살기를 바란다. 최근 당신이 좋아하는 현대의 성인, 테레사 수녀에 관한 잡지 기사를 읽었다. 스스로 슬프게 혼자 말을 한다, "난 결코 그녀와 같진 않을 거야." 그러나 바로 그것이 문제다. 당신은 테레사 수녀가 되도록 의도된 존재가 아니라, 당신은 당신 자신이 되도록 의도된 존재이다.

여기가 바로 참 자아와 거짓 자아에 대한 머튼의 서술이 특별히 유용해지는 곳이다. 이미 언급했듯이, 거짓 자아란 우리가 세상에 내놓고자하는 사람, 즉 다른 사람들의 비위를 맞출 것이라고 우리가 생각하는 사람이다: 매력적이고, 확신 있고, 성공적인 사람. 다른 한편으로, 참 자아란 우리가 하나님 앞에 있을 때의 사람이다. 존귀함은 그 사람이 누구인지를 발견하고, 그 사람이 되도록 분투함에 있다.

다른 말로 말하자면, 직장을 다니는 엄마는 머더 테레사, 즉 테레사 수녀가 되도록 의도되어지지 않았다. 그녀는 자녀들을 사랑하고, 남편을 사랑하고, 친구들과 동료들을 사랑하고 그리고 그녀 자신의 세계 속에서 의미를 찾는 여성이 되도록 의도되었다. 그녀는 그녀의 삶과 그녀가 함께 살아가고 일하는 사람들의 삶 속에서 하나님의 현존을 경험하도록 의도되었다. 때때로 이것은 아이를 양육하는 일처럼, 사랑으로 큰 일들을 감당하는 것을 의미한다. 때로 이것은 사랑으로 작은 일들을 감당하는 것을 의미한다.(리지외의 테레즈는 이것을 "작은 길"the Little Way이라 불렀다.) 젊은 직장인 엄마에게 이것은, 예를 들어, 직장에서 혹은 집에서 자신의 성질을 감추어 두는 것을 의미한다(성질내는 것을 어떻게 정당화하든지 상관없이 말이다).

이 과정의 일부는 이 젊은 여인이 어떤 다른 이가 되고 싶어하는 그녀의 욕망을 손아귀에서 놓아버려야 한다는 것을 의미한다. 왜냐하면, 실재적으로 그녀는 테레사 수녀가 행했던 것과 같은 유형의 일에는 엉망일 것이기 때문이다. 그러나 공정하게 말한다면, 테레사 수녀는 이 직장인 엄마가 하고 있는 일에 서툴렀을 것이다!

16세기 제네바의 감독이었던 성인 프란시스 드 살레(St. Francis de Sales)는 자신의 책 『신실한 삶으로의 안내』(*The Introduction to the Devout Life*)에서 이 점을 문제삼고 있는데, 거기서 그는 다른 삶의 길을 걷는 사람들이 초월자를 경험하는 길을 성찰하고 있다.

> 창조주 하나님이 모든 만물을 만드셨을 때, 그는 식물에게 그 자신의 종류에 따라 열매를 맺도록 명령하셨다. 마찬가지로 그는 그의 교회의 살아있는 식물들인 기독교인들에게 각자의 성품들, 지위들,

> 소명들에 따라 ... 헌신의 열매를 맺도록 명령하셨다. .... 그러므로, 우리가 어떤 상황들에 있게 되든지, 우리는 완전의 삶을 열망할 수 있고 또 그래야만 한다.

토마스 머튼은 이로부터 한 발짝 더 나아간다. “활동적인” 삶에 참여하고 있는 사람들, 말하자면, 노동자나 부모나 학생이나 돌보는 사람이 세속으로부터 격리된 수도승이나 수녀처럼 “전문적으로 종교적인” 사람들의 삶보다 더 거룩하고 더 헌신적이고 더 존엄한 삶을 이끌어 나갈 수 있다고 믿었다. 머튼은 사후에 출판된 책 『내적 경험』의 “명상의 종류”라는 제목의 장에서 이를 제안한다.

> 활동적인 삶 속에서 영혼의 위대한 순수성과 완전한 자기-희생을 가지고 하나님을 섬기는 많은 기독교인들이 있다. .... 그들은 자신을 희생하는 노동 속에서 그분에게 자신들을 헌심함으로써 어떻게 하나님을 찾을지 알고 있는데, 그 노동 안에서 그들은 온 종일 그분의 현존 안에 머물러 있을 수가 있다. ... 그들은 위대한 평범함(great simplicity)의 삶을 보내고 있어서, 정서적이면서 소리를 내서 하는 기도의 일상적 수준을 넘어설 필요가 없다. 그를 인식함 없이, 그들의 극도로 단순 소박한 기도는 그들에게 깊고 내적인 것이어서 그들을 명상의 문턱으로 데려간다. 그러한 기독교인들은 .... 다른 사람보다 더 높은 수준의 존엄성에 이를 수 있는데, 그들은 보다 깊은 내적 삶을 노골적으로 선호해 왔다.

머튼은 이 사람들을 일종의 “복면한 명상”(masked contemplation)을 즐기는 “숨겨진 명상자들”로 불렀다. 그럴수 있는 그들의 능력은 세상과 격리된 수도사들이 되려고 노력함으로서가 아니라, 자기 자신들의 바쁜 삶들 속에서 신적인 불꽃(the divine spark)을 발견함으로서 하나님을 찾으려는 그들의 자발성에 전적으로 달려있다.

우리의 개인적 소명들을 갖고 살아가라는 하나님의 초대는 세상을 그토록 놀랍도록 풍성하게 만들어 가는 일에 기여한다. “성인들은 얼마나 영광스럽게 다른가!”라고 영국의 작가 루이스(C.S. Lewis)는 적고 있다. 거룩하려면 우리가 어떤 또 다른 사람이 되어야 한다고 믿기 시작할 때, 문제가 시작된다. 하나님이 이미 우리가 필요로 하는 모든 지시 사항들을 우리 영혼 안에 심어 놓았음에도 불구하고 우리는 어떤 다른 사람의 천국으로 가는 지도를 사용한다. 그런 식으로 우리는 우리 자신의 존귀함으로의 부름을 무시한다. 칭송자들이 테레사 수녀를 보기 위해 캘커타를 방문하곤 했을 때, 그녀는 그들에게 이렇게 말하곤 했다, “당신 자신의 캘커타를 찾으세요.” 다른 말로 하자면, 당신 자신이 심어진 곳에서 꽃을 피우라. 당신 자신의 삶 속에서 존귀함을 발견하라.

이는 우리가 성인들 혹은 보다 더 핵심적으로 예수를 따라 살도록 부름받지 않았다고 말하는 것이 아니다. 복음서들과 성인들의 일대기를 읽는 것은 거룩함으로 나아가는 새로운 길들을 발견하는 아주 훌륭한 방법이다. 그것은 머튼이 말하는 발견 과정의 일부이다: 당신 자신에 대한 하나님의 개념 속에서 당신 자신을 발견하는 것. 기도와 대화와 독서를 통하여, 그 직장인 엄마는 점차 자신을 발견하게 되어, 하나님의 은혜에 감사를 돌리며, 그녀가 의도된 바대로의 사람에 보다 더 가깝게 성장해 간다. 그러나 그녀는 테레사 수녀가 되도록 의도되어지지 않았다. 그녀는 그녀 자신이 되도록 의도되었다.

예수회 시인인 제라드 맨리 홉킨스(Gerard Manley Hopkins)는 자신의 시 "물총새들이 불붙을 때"(As Kingfishers Catch Fire)에서 다음과 같이 적었다:

> 왜냐하면 그리스도는 만방의 자리들에서 뛰어노신다,
> 몸 지체들에서 사랑스럽게, 그리고 그 자신의 눈이 아닌 눈들 속에서 사랑스럽게.....

다른 말로, 당신의 눈과 당신의 몸 지체들 속에서 뛰어 노신다.

하나님 앞에 선 당신 자신을 수용하는 일이 이 일의 핵심에 놓여있다. 시편 139편의 말로, "주께서 내 장부를 지으시며 나의 모태에서 나를 조직하셨나이다." "내가 주께 감사하옴은 나를 지으심이 신묘막측하심이라"(시 139: 13-14). 존귀함의 시작은 하나님의 피조물로서 당신 자신을 사랑하는 것이다. 그리고 그것은 당신 자신의 모든 것, 심지어 당신이 없기를 바라는 부분들, 하나님이 만드시지 않으셨기를 바라는 부분들, 당신이 한탄하는 당신의 부분들마저 사랑하는 것을 의미하는 것이다. 하나님은 부모가 자녀를 사랑함 같이 우리를 사랑하신다－그 아이의 보다 연약한 부분들을 더 사랑하시고 혹은 자녀가 헤매고 흔들리는 자리에서 더 사랑하신다. 적잖게, 그 아주 약함들은 거룩함으로 나아가는 아주 중요한 통로가 된다. 왜냐하면 그것들은 하나님에 대한 의존성을 당신에게 주지시켜주기 때문이다.

성 바울은 기록하기를, "이러므로 도리어 크게 기뻐함으로 나의 여러 약한 것들에 대하여 자랑하리니 이는 그리스도의 능력으로 내게 머물게 하려 함이라. 그러므로 내가 그리스도를 위하여 약한 것들과 능욕과 궁핍과 핍박과 곤란을 기뻐하노니 이는 내가 약할 그 때에 곧 강함이니라" (고후 12:9-10 [개역개정]).

모든 사람이 성인(saint)이 되도록 부름 받았다는 개념은 일상의 삶에 심오한 함축적 의미를 제공한다. 말하자면, 제2바티칸 공의회가 "거룩함으로 나아가는 보편적 부르심"(the universal call to holiness)이라 부르는 것을 내 안에 받아들이는 것은 자신의 삶의 가장 조용한 순간들조차도 특별한 은총으로 가득 차 있음을 뜻한다. "성만찬"이라 불리는 아름다운 에세이 속에서 미국의 작가 안드레 듀버스(Andre Dubus)는 자신의 일상 삶 속에서 거룩함을 마주치는 것에 대하여 성찰했다. 1998년 작고한 작가는 그의 중년의 나이에 일어난 사고 때문에 두 다리를 사용할 수 없게 되었다. 어느 어두운 밤 그는 고속도로 갓길에 서서, 고장난 차에 타고 있던 사람을 돕고 있던 중, 또 다른 자동차가 와서 그를 치었다.

헌신적인 가톨릭 신자인 듀버스는 에세이에서 자신의 어린 딸들이 학교에 가져갈 샌드위치를 만드는 고된 과정을 기술하고 있다. 크고 육중한 휠체어를 비좁은 부엌 주변 사이로 곡예운전하면서, 부엌 용기들을 잡으러 손을 뻗치며, 어색한 자세로 부엌 수납장 문들을 열려고 노력하면서, 그리고 샌드위치들을 잘라 가면서, 그는 자신이 자녀들을 위해 무엇을 하고 있는지를 깨닫는다.

> 매순간이 성만찬이다. 이렇게 비닐 주머니와 칼과 빵과 도마를 붙들고 있는 것, 그리고 의자를 밀고 있는 것, 빵에 겨자 소스를 바르는 것, 간 소시지와 햄을 곁들이는 것. 모든 성만찬들....

그리고 그는 이 실재에 대한 깨달음의 필요성을 인식한다.

만일 내가 그것을 기억한다면, 난 그때 그것을 또한 느낀다.

거룩함으로 나아가는 보편적 부르심은 우리 자신이 되라는 초청이다. 그것은 또한 매일의 삶이 지닌 성례전적 성격(sacramentality)을 기억하라는 그리고 하나님이 우리를 위해 준비하신 위대한 목표를 실현하라는 초청이다: 존귀함(sanctity). 그것은 성인들이, 때로는 단번에 때로는 오랜 시간과정에 걸쳐, 베드로처럼 1세기 팔레스타인에 태어났든지 아니면 도로시 데이처럼 20세기 미국에 태어났든지 간에, 깨달았던 것이다. 그들이 리지외의 테레즈처럼 조용하고 격리된 수도원에 살았든지 혹은 교황 요한 23세처럼 거대한 교황청에 살았든지간에. 그들이 토마스 머튼이나 헨리 나우웬처럼 많은 책들을 저술했든지 아니면 베르나데따 수비루처럼 겨우 약간의 말씀들만 우리에게 남겨주었던지 간에. 그들이 테레사 수녀처럼 캘커타에서 가난한 자들 중 가장 가난한 자와 함께 일했든지 아니면 알로이시우스 곤자가처럼 로마에서 전염병 환자들을 돌보았든지 간에 상관없이 말이다.

아마도 보다 더 중요한 것은, 거룩함으로 부르심은 우리가 맨하탄 한복판의 기업체 사무실에서 일하든지 아니면 아이오와의 작은 집에서 가정주부로 일하던지 상관없이 우리에게 다가온다. 우리가 밤 늦게 아픈 아이를 돌보고 있든지 아니면 수백 명의 노숙자들을 위해 교회 식사를 준비하든지 간에. 우리가 한 잔의 커피를 놓고 그녀의 문제들을 말하는 친구에게 귀기울이고 있든지 아니면 학교 적응에 어려움을 겪고 있는 우리의 자녀들을 돕기 위하여 밤 늦도록 숙제를 하고 있든지 간에. 우리가 작은 교회의 고해성사실에서 오랜 시간동안 사람들에게 귀를 기울이면서 참을성 있게 시간을 보내든지 아니면 대형 브로드웨이 쇼에서 작은 역할을 감당하기 위해 대사를 암기하느라 긴 시간을 소비하고 있든지 간에. 우리가 부유하든지, 가난하든지, 젊든지, 늙었든지, 남자든지 여자든지 간에 상관없이 말이다: 우리 모두는 우리 자신만의 고유한 거룩함으로 부름받았다.

이 작은 책은 토마스 머튼의 참 자아에 대한 생각을 명상하는 책이다. 이것은 하나님 앞에 있는 우리 자신의 모습을 발견하고 그리고 하나님이 그 사람을 사랑하시도록 하는 것이 어떻게 영적 삶의 근원적인 목표가 되는가에 관한 것이다. 그리고 이 책은 그 사람이 되는 것이 우리에게 하나님과 결합하는 느낌과 우리 삶 속에서 화평의 느낌을 어떻게 가져올 수 있는가에 관한 것이다.

그러나 이 책은 또한 그 외 다른 것에 관한 책이기도 하다. 이 책은 성인(saint)이 되는 것에 관한 책이다. 왜냐하면, 결국, 참 자아가 되라는 부르심은 존귀함으로의 초청이기 때문이다. 그것은 성인들의 삶을 그분(the One)에게 드리는 선물로 변화시키는 부르심이다. 그분이 그들을 존재에 이르기까지 사랑하셨기 때문이다. 거룩함으로의 초청은 하나님께 보다 가까이 다가오라는 평생에 걸친 부르심이며, 하나님은 우리가 우리 자신을 우리 자신 본연의 사람으로서, 우리의 참 자아로서 그리고 우리가 본래적으로 의도된 성인들로서 만나는 것, 바로 그것 이외에 다른 것을 원하지 않으신다.

더 읽을 만한 자료들

머튼 자신뿐만 아니라 그의 많은 추앙자들에게 감사하며, 그들 덕택에 토마스 머튼의 삶에 관한 자료는 부족함이 없다. 내가 좋아하는 몇 권의 책을 소개하고자 한다.

마이클 모트(Michael Mott)의 포괄적인 전기 『토마스 머튼의 칠층 산』(*The Seven Mountains of Thomas Merton*)은 최고다. 아주 길게 쓴 책이지만, 그만한 노력을 들일 가치가 있다. 그는 특별히 머튼의 초기 생애에 미친 영향력들을 밝혀주는데 특별히 탁월하다. 그런 면에서는 모니카 퍼롱(Monica Furlong)의 『머튼』(*Morton*)도 마찬가지이다.

머튼의 영성에 대한 최고의 책은 페닝턴(M. Basil Pennington)의 아름다운 책 『우리 형제 토마스 머튼』(*Thomas Merton: Brother Monk*)이 있는데, 이 책은 머튼의 삶의 지배 원리로서 "자유" 개념을 사용한다. 페닝턴 신부 자신이 트라피스트 수도사이기 때문에 머튼의 영적 삶에 대한 탁월한 통찰을 제공해 주고 있다. 흥미롭게도 페닝턴 신부는 마이클 모트의 책에 부드러운 비판을 제시하고 있는데, 모트의 책은 머튼이 트라피스트로서 살아갔던 "일상 삶"을 온전히 기술하고 있지 못하다고 말한다. 페닝턴의 책은 머튼이 살아가는 세계의 이 측면에 대하여 이해하는데 훌륭한 토대를 제공해 주고 있다. 만일 당신이 머튼을 이해하기를 원한다면, 이 두 책－마이클 모트와 베이실 페닝턴의 책들－이 거기에 이르는 길을 가장 근접하게 이끌고 갈 것이라고 말하고 싶다. 사실은 페닝턴 신부는 『참 자아/거짓 자아』(*True Self/False Self*)라는 책을 출판했는데, 강력히 추천하지만, 그러나 나는 의도적으로 그 책을 읽지 않았다. 왜냐하면 그가 쓴 어떤 것을 표절하는 죄를 범하고 싶지 않았기 때문이다. 만일 우리 두 사람의 책이 그 어떤 유사성들을 갖고 있다면, 그것들은 의도하지 않은 것이며 또한 우연히 그러한 것임을 밝혀둔다.

헨리 나우웬은 『머튼과의 만남』*(Encounters with Merton)*이라는 제목으로 머튼에 관한 멋진 에세이집을 저술하였다. 비록 그 에세이들은 머튼의 영성과는 많은 관계가 없지만, 나는 또한 머튼의 평생 친구였던 에드워드 라이스(Edward Rice)가 머튼에 관하여 개인적으로 명상하며 저술한 『플라타너스 나무 속 사람』*(The Man in the Sycamore Tree)*을 좋아해 왔고; 뿐만 아니라 자신이 게세마니에서 지낼 때 적어 내려간 존 호워드 그리핀(John Howard Griffin)의 일기집인 『독거처 일기』*(The Hermitage Journals)* 역시 좋아한다. (『나처럼 흑인』(*Black Like Me*)의 저자인 그리핀은 머튼이 자신의 전기집을 저술할 사람으로 선정한 최초의 사람이었지만, 작업을 끝내지 못하고 사망하였다. 그래서 그 작업은 마이클 모트로 넘어갔다.)

특별히 참 자아에 관한 것은 아니지만 리차드 로어(Richard Rohr)의 책 『아담의 귀한』*(Adam's Return)*은 어떻게 특정한 사람들이 참 자아를 수용하는데 어려움을 겪는지에 대한 탁월한 토론을 담고 있다.

머튼 자신의 작품들 중, 만일 당신이 *Seven Storey Mountain* (『7층 산』)을 읽지 않았다면, 아마도 지금이 그것을 읽어야만 할 때이다. 비록 내가 좋아하는 책들 중 하나이긴 하지만, 어떤 사람들은 재미없다고 말하기도 한다(너무 길고, 너무 자기 중심적이고, 가톨릭에 대하여 너무 승리주의적인 관점을 갖고 기술되었다고 그들은 말한다). 내 생각에 그 책을 책 본연의 모습으로 받아들이는 것이 좋을 것 같다: 밝고, 강한 의지를 갖고 있는 젊은 청년이 쓴 회심 이야기.

여러 가지 면에서 내가 보기에 *The Signs of Jonas* (『요나의 기호』)는 보다 재미가 느껴지는 책인데, 머튼의 공상적 관념주의의 상당 부분이 쇠잔해진 이후에 쓰여졌다. 내 생각에 이 책은 그의 저술들 중 가장 따뜻하고 가장 개인적인 책이다. 만일 독자가 머튼에 관하여 할 수 있는 모든 것을 배우려는 전적인 헌신이 있다면, 7권의 전집으로 구성된 그의 일기들 완본들을 읽기를 권유하는데, 각 권의 제목은 『산속으로 달려가기』*Run to the Mountain* (Patrick Hart 편), 『침묵으로의 진입』*Entering the Silence*(Jonathan Montaldo 편), 『홀로 살아가기』*The Search for Solitude*(Lawrence S. Cunningham 편), 『세상을 향하여』*Turning Toward the World*(Victor Kramer 편), 『생명의 물 속에서 춤추기』*Dancing in the Water of Life*(Robert E. Daggy 편), 『사랑하기를 배우기』*Learning to Love*(Christine M. Bohlen 편) 그리고 『산의 이면』*The Other Side of the Mountain* (Patrick Hart 편)이다.

시간이 많이 없는 독자들은 『세속 일기』*The Secular Journal*로부터 시작하는 것을 권하는데, 이 책은 게세마니 수도원에 입문하기 전 보냈던 머튼의 시간을 다루며, 또한 『우리 친구, 머튼: 일기를 통해 바라보는 머튼의 삶』*The Intimate Merton: His Life from His Journals*(Jonathan Montaldo와 Patrick Hart 편)은 그의 일기들 전부에서 일부를 훌륭하게 발췌 편집한 책이다.

명상에 관한 그의 글들로는 내가 선호하는 『누구도 홀로 존재하지 않는다』*No Man is an Island*와 당연히 『명상의 새로운 씨앗들』*New Seeds of Contemplation*이 있는데, 후자에서 그는 "참자아"에 대한 생각을 상세히 말하고 있다. 당연히 토마스 머튼은 내가 할 수 있는 것보다 훨씬 더 그 생각에 대하여 좋은 통찰들을 제공한다.

마지막으로 머튼 자신의 저작들 중 발췌편집한 두 권의 탁월한 선집 『토마스 머튼: 영적 스승』*Thomas Merton: Spiritual Master*(Lawrence S. Cunningham 편)과 『내가 찾던 것을 보았다』*I Have Seen What I Was Looking For*(M. Basil Pennington 편)가 있다.

헨리 나우웬이 저술한 어떤 것을 읽고 싶다면, 『제네시 일기: 트라피스트 수도원에서의 삶』*The Genesee Diary: Report from a Trappist Monastery*과 『탕자의 귀환』*The Return of the Prodigal Son*과 더불어 시작할 것을 권한다. 다른 유명한 나우웬의 저작들로 『사랑받는 자의 삶』*The Life of the Beloved*과 『아담: 하나님의 사랑받는 자』*Adam: God's Beloved*가 있다. 초보자들이 읽기에 좋은 탁월한 전기서로는 마이클 포드(Michael Ford)가 저술한 『상처받은 예언자: 헨리 나우엔의 초상』*Wounded Prophet: A Portrait of Henri J.M. Nouwen*이 있다. 나우웬 자신의 영적 여행을 이해하기에 좋은 책으로는 마이클 오로린(Michael O'Laughlin)이 쓴 『하나님이 사랑하는 자: 헨리 나우엔의 영적 전기서』*God's Beloved: A Spiritual Biography of Henri Nouwen*가 있다. 아울러 헨리 나우웬 학회는 웹사이트를 운영하고 있는데(www.henrinouwen.org), 거기에다 필자는 나우웬의 사람됨에 대한 간략한 서술을 실어 놓았다.

예수의 "자기-인식" 개념에 대한 탁월한 연구를 참고하려면 엘리자베쓰 존슨(Elizabeth Johnson, CSJ)이 저술한 『예수 생각하기』 *Consider Jesus*를 들여다 볼 것을 권하는데, 아마도 오늘날의 "기독론"에 대한 간결하지만 최고의 개론서라 여겨지며, 또한 알버트 놀란(Albert Nolan)의 『기독교 발생 이전의 예수』 *Jesus Before Christianity*는 매력적인 필체와 이해하기 쉬운 문체로 1세기 팔레스타인에서 예수의 삶에 초점을 맞추어 기술하고 있다.

마지막으로 성인들이 거룩하게 되는 다양한 길들에 대한 빼어난 개론서로서 로버트 엘스버그(Robert Ellsberg)가 쓴 『만성』*All Saints*이 있는데, 전통으로 인정받은 성인들과 전통으로 인정받지 못하고 있는 성인들을 망라하여 그들의 전기들을 짧지만 놀랄만큼 훌륭하게 엮은 소개서이다. 엘스버그의 다음 책은 『행복으로 안내하는 성인의 인도』*The Saints' Guide to Happiness*라는 책인데, 성인들의 삶들을 통해 교훈들을 이끌어 내면서, 자신의 "참 자아"가 되는 것이 궁극적으로 어떻게 행복한 삶으로 이끌어 가는가를 보여준다. 이 두 권의 책들은 우리 모두가, 신성한 교황 요한 23세의 말을 빌리자면, "다른 방식으로 거룩하게" 되도록 부름 받았는지를 상기시켜 줄 것으로 믿는다.

감사의 글

이 작은 책은 결국 엄청난 구상이 되고 말았다. 그래서 많은 사람들의 도움을 얻고서야 겨우 마칠 수 있었다.

무엇보다도 나를 초청하여 강연의 자리를 마련해 주었던 그리스도의 몸 교회의 레이몬드 라페르티(Raymond M. Rafferty) 신부, 토마스 머튼 국제 학회, 헨리 나우웬 학회 그리고 뉴욕 대주교 관구의 영적 개발 센터에 감사의 말을 드려야 하겠다. 그들이 제공한 기회들을 통하여 이 책이 마침내 결실을 맺을 수 있었다. 강의를 시작하기 전 라퍼티 신부는 교회 사제관의 작은 영접실로 나를 데리고 가서, 몇 분간 거기서 기다려 보라고 말했다. 그는 문을 닫으면서, 이 방이 바로 머튼이 가톨릭이 되도록 처음 권유받은 바로 그 방이라고 말해 주었다. 그 순간은 내게 놀라운 순간이었음을 고백한다.

이 책이 완결될 무렵, 이 글들을 읽으며, 조언들과 논평들과 교정들을 풍성하게 제공해 준 많은 전문가들이 있었다. 토마스 머튼 센터의 전임 소장이면서 『우리 친구, 머튼』*(The Intimate Merton)*의 편집자들 중 한분인 조나단 몬탤도(Jonathan Montaldo), 『하나님의 사랑하는 자: 헨리 나우엔의 영적 전기서』*God's Beloved: A Spiritual Biography of Henri Nouwen*의 작가인 마이클 오로린(Michael O'Laughlin); 『상처받은 예언자: 헨리 나우엔의 초상』*Wounded Prophet: A Portrait of Henri J.M. Nouwen*의 작가인 마이클 포드(Michael Ford); 헨리 나우웬 센터의 수 모스텔러(Sue Mosteller, CSJ); 그리고 웨스턴 예수회 신학교(Weston Jesuit School of Theology)의 신약학 교수인 다니엘 해링턴(Daniel J. Harrington, SJ)에게 대단히 감사하다는 말을 전하고자 한다. 이들의 전문적인 지식과 도움은 값을 헤아릴 수 없을 만큼 소중한 것들이었다. 이 책을 거의 마쳐갈 무렵, 윌리엄 배리(William A. Barry, SJ)는 사본을 검토하고, 도움이 될 만한 논평을 제시해 주었는데, 그 평들은 여러 주제들에 대한 나의 토론을 심화할 수 있도록 도움을 주었고, 특별히 예수의 자기-인식을 다룬 장에서 많은 도움을 받았다.

파울리스트 출판사(Paulist Books)의 폴 맥마흔(Paul McMahon)은 이 책을 저술하도록 나를 초청하여 주었고, 그래서 그에게 감사를 돌리며, 같은 출판사의 케빈 카리쪼 디 까밀로(Kevin Carrizo Di Camillo)에게도 감사를 돌려야 하는데, 그는 계속적인 후원과 열정을 나에게 보내주었다. 또한 이 구상에 대하여 조언을 제공해준 존 존스(John Jones)에게도 감사를 돌린다. 나의 영적 지도자인 대미언 오코넬(Damien O'Connell, SJ)은 이 책을 저술해 나가는데 엄청난 도움이었지만, 또한 내 인생의 모든 것을 함께 해준 사람이기도 하다. 예수회 수련 수사 기간에 나의 영적 지도자였던 데이빗 도너반(David I. Donovan)에게도 감사를 드리는데, 특별히 그 당시 자기-발견과 자기-인식을 향한 나의 여행 속에서 그의 도움은 상당한 힘이 되었음을 고백한다. 2005년 돌연한 그의 죽음은 그의 많은 친구들에게 상실감을 남겨주었지만, 또한 그들이 그들을 위해 기도하는 천국의 새로운 친구를 얻게 되었다고 확신한다. 이 작은 책은 그에게 바치는 책이다.

내 예수회의 신앙-나눔 그룹의 일원인 크리스 더비(Chris Derby, SJ), 맷 카시디(Matt Cassidy, SJ), 크리스 데브론(Chris Devron, SJ) 그리고 짐 맥더모트(Jim McDermott, SJ)는 놀랄만큼 나의 든든한 후원이 되면서 또한 도전이 되어 주었고, 따라서 그들에게도 감사를 돌린다. 조지 윌리암스(George Williams, SJ), 스티브 카소우로스(Steve Katsouros, SJ), 그리고 밥 레이서(Bob Reiser, SJ) 또한 이 책을 저술하는 시기에 엄청난 지원군이 되어 주었다. 아울러 데이브 깁슨(Dave Gibson), 팀 라이디(Tim Reidy), 그랜트 갈리쵸(Grant Gallicho), 빌 맥가비(Bill McGarvey), 로버트 엘스버그(Robert Ellsberg), 론 핸센(Ron Hansen), 톰 뷰던(Tom Beaudoin) 그리고 제레미 랭포드(Jeremy Langford)에게도 글쓰기에 대한 전반적인 독려와 우정에 감사를 드린다.

『어메리카』*America* 잡지의 편집장인 토마스 리스(Thomas J. Reese, SJ)에게도 감사를 드리는데, 이 책을 쓸 당시 나 또한 거기서 일하고 있었다. 그 잡지사에서 일하는 동안 그는 나에게 내 자신이 되는 것에 관하여 그리고 하나님이 부르셔서 되라고 말씀하신 사람이 되는 것에 관하여 많은 것들을 내게 가르쳐 주었다.

이 책을 쓰는 동안, <유다의 마지막 날들>*The Last Days of Judas Iscariot*이라는 극을 상연하는 연극기획사를 돕고 있었고, 그러면서 나누었던 그들의 질문들, 그들의 호기심 그리고 그들의 동지애를 기억하며 래브린쓰(LAByrinth) 극장의 제작사 일동, 특별히 스티픈 애들리 가이기스(Stephen Adly Guirgis), 샘 락웰(Sam Rockwell), 필 호프만(Phil Hoffman) 그리고 존 오르티즈(John Ortiz)에게 감사를 전하고 싶다. 그들은 나로 하여금 예수를 신선한 각도에서 볼 수 있도록 도와주었고, 놀랍도록 새로운 방식으로 예수의 자기-인식을 명상할 수 있도록 해주었다.

마지막으로 수년간 나의 연구와 기도와 영감을 위해 막대한 장학금을 후원해준 마이클 모트(Michael Mott), 모니카 퍼롱(Monica Furlong), 존 호워드 그리핀(John Howard Griffin), 베이실 페닝턴(M. Basil Pennington, OCSO), 조나단 몬탤도(Jonathan Montaldo), 패트릭 하트(Patrick Hart, OCSO), 에드워드 라이스(Edward Rice), 폴 퍼어슨(Paul Pearson), 윌리엄 섀논(William Shannon), 제임스 포레스트(James Forest) 그리고 폴 윌크스(Paul Wilkes)에게 감사를 전한다. 토마스 머튼에 대한 그들의 놀라운 작업이 나에게 큰 도움이 되었음도 언급해야겠다.

다음 소재들을 사용하도록 허락해준 이들에게도 감사를 표한다.

John Howard Griffin의 토마스 머튼 표지 사진.
Merton Legacy Trust와 the Griffin Estate의 허락을 받아 사용한다.

Peter K. Weiskel의 헨리 나우웬 표지 사진.
Henri Nouwen Society와 Peter K. Weiskel의 허락을 받아 사용한다.

테레사 수녀 표지 사진.
W.P. Wittman, Limited, 1706 Missenden Cres., Mississauga, Ontario, Canada, L5J 2T4. www.wpwittman.com의 허락을 받아 사용함.

The Seven Story Mountain © 1948; New Seeds of Contemplation © 1961; No Man Is an Island © 1955; Conjectures of a Guilty Bystander © 1966; 그리고 The Secular Jouranl of Thomas Merton © 1959 로부터의 발체 인용들 모두 The Trustees of the Merton Legacy Trust와 The Abbey of Gethsemani의 허락을 받아 재인용 출판되었다.

The Last Days of Judas Iscariot by Stephen Adly Guirgis © 2005 by Stephen Adly Guirgis로부터의 발췌인용은 그 극작가의 허락을 받아 인용하였다.

"As Kingfishers Catch Fire" by Gerard Manley Hopkins from The Poems of Gerard Manley Hopkins © 1970. The British Province of the Society of Jesus를 대신하는 Oxford University Press의 허락을 받아 사용한다. www.oup.com.

작가에 관하여

제임스 마틴(James Martin, SJ)은 예수회 사제이면서 미주 가톨릭 잡지인 America의 부편집장이다. 펜실바니아 대학(the University of Pennsylvania)의 와튼 경영 대학(Wharton School of Business) 졸업자인 그는 1988년 예수회 입문하기 전 기업 재무 부서에서 6년 간 일했었다. 예수회 수련 기간 동안에 그는 킹스턴(Kingston, Jamaica)에서 병들어 죽어가는 사람들을 위한 호스피스로 있했고; 시카고에서는 길거리 갱단의 구성원들과 함께 사역했으며; 보스턴에서는 교도소 사제로 있었고; 케냐 나이로비의 동 아프리카 난민들과 2년간 사역했다. 철학과 신학 공부를 마친 후, 그는 1999년 사제로 서품받았다.

마틴 신부의 글은 미국 지역과 해외에 다양한 신문, 잡지들에 등장하는데, 종교와 영성 분야의 미디어 비평가로 자주 등장한다. 그는 수많은 책들의 저자이면서 편집자인데, 그의 저술들은 그의 회고록들인 *In Good Company: The Fast Track from the Corporate World to Poverty, Chastity and Obedience*(Sheed & Ward)와 *This Our Exile: A Spiritual Journey with the Refugees of East Africa*(Orbis)를 포함한다. 그의 가장 최근 출판된 책은 *My Life with the Saints*(Loyola)이다.

나의 자아, 하나님 계획

2011년 2월 15일 초판인쇄 • 저 자 James Martin, SJ.
2011년 2월 20일 초판발행 • 역 자 이정배·박일준
• 발행인 최 국 주
• 발행처 동 명 사

경기도 파주시 교하읍 문발리 535-10 파주출판단지 30블록 4롯트
전 화 : 031) 955-7200(代), 955-7201~4, 7203(편집부)
팩시밀리 : 031) 955-7205
출판등록 : 1950년 11월 1일(제1-76호)
E-mail : dms723@chol.com
홈페이지 : www.dmsbook.com

정가 11,000원

ISBN 89-411-5314-6 93230